PERSA

VOCABULÁRIO

PORTUGUÊS BRASILEIRO

PORTUGUÊS PERSA

Para alargar o seu léxico e apurar as suas competências linguísticas

7000 palavras

Vocabulário Português Brasileiro-Persa - 7000 palavras

Por Andrey Taranov

Os vocabulários da T&P Books destinam-se a ajudar a aprender, a memorizar, e a rever palavras estrangeiras. O dicionário é dividido em temas, cobrindo todas as principais esferas de atividades quotidianas, negócios, ciência, cultura, etc.

O processo de aprendizagem, utilizando os dicionários baseados em temáticas da T&P Books dá-lhe as seguintes vantagens:

- Informação de origem corretamente agrupada predetermina o sucesso em fases subsequentes da memorização de palavras
- Disponibilização de palavras derivadas da mesma raiz, o que permite a memorização de unidades de texto (em vez de palavras separadas)
- Pequenas unidades de palavras facilitam o processo de estabelecimento de vínculos associativos necessários para a consolidação do vocabulário
- O nível de conhecimento da língua pode ser estimado pelo número de palavras aprendidas

T&P Books Publishing
www.tpbooks.com

ISBN: 978-1-78767-347-2

Este livro também está disponível em formato E-book.
Por favor visite www.tpbooks.com ou as principais livrarias on-line.

VOCABULÁRIO PERSA
palavras mais úteis

Os vocabulários da T&P Books destinam-se a ajudar a aprender, a memorizar, e a rever palavras estrangeiras. O vocabulário contém mais de 7000 palavras de uso comum organizadas tematicamente.

O vocabulário contém as palavras mais comummente usadas
Recomendado como adicional para qualquer curso de línguas
Satisfaz as necessidades dos iniciados e dos alunos avançados de línguas estrangeiras
Conveniente para o uso diário, sessões de revisão e atividades de auto-teste
Permite avaliar o seu vocabulário

Características especias do vocabulário

*   As palavras estão organizadas de acordo com o seu significado, e não por ordem alfabética
*   As palavras são apresentadas em três colunas para facilitar os processos de revisão e auto-teste
*   As palavras compostas são divididas em pequenos blocos para facilitar o processo de aprendizagem
*   O vocabulário oferece uma transcrição simples e adequada de cada palavra estrangeira

O vocabulário contém 198 tópicos incluindo:

Conceitos básicos, Números, Cores, Meses, Estações do ano, Unidades de medida, Roupas & Acessórios, Alimentos & Nutrição, Restaurante, Membros da Família, Parentes, Caráter, Sentimentos, Emoções, Doenças, Cidade, Passeios, Compras, Dinheiro, Casa, Lar, Escritório, Trabalho no Escritório, Importação & Exportação, Marketing, Pesquisa de Emprego, Esportes, Educação, Computador, Internet, Ferramentas, Natureza, Países, Nacionalidades e muito mais ...

TABELA DE CONTEÚDOS

GUIA DE PRONUNCIAÇÃO

Alfabeto fonético T&P	Exemplo Persa	Exemplo Português
['] (ayn)	دعوا [da'vā]	fricativa faríngea sonora
['] (hamza)	تایید [ta'id]	oclusiva glotal
[a]	رود [ravad]	chamar
[ā]	آتش [ātaš]	rapaz
[b]	بانک [bānk]	barril
[č]	چند [čand]	Tchau!
[d]	هشتاد [haštād]	dentista
[e]	عشق [ešq]	metal
[f]	فندک [fandak]	safári
[g]	لوگو [logo]	gosto
[h]	گیاه [giyāh]	[h] aspirada
[i]	جزیره [jazire]	sinônimo
[j]	جشن [jašn]	adjetivo
[k]	کاج [kāj]	aquilo
[l]	لیمو [limu]	libra
[m]	ماجرا [mājarā]	magnólia
[n]	نروژ [norvež]	natureza
[o]	گلف [golf]	lobo
[p]	اپرا [operā]	presente
[q]	لاغر [lāqar]	agora
[r]	رقم [raqam]	riscar
[s]	سوپ [sup]	sanita
[š]	دوش [duš]	mês
[t]	ترجمه [tarjome]	tulipa
[u]	نیرو [niru]	bonita
[v]	ورشو [varšow]	fava
[w]	روشن [rowšan]	página web
[x]	کاخ [kāx]	fricativa uvular surda
[y]	بیابان [biyābān]	Vietnã
[z]	زنجیر [zanjir]	sésamo
[ž]	ژوئن [žuan]	talvez

ABREVIATURAS
usadas no vocabulário

Abreviaturas do Português

adj	-	adjetivo
adv	-	advérbio
anim.	-	animado
conj.	-	conjunção
desp.	-	esporte
etc.	-	Etcetera
ex.	-	por exemplo
f	-	nome feminino
f pl	-	feminino plural
fem.	-	feminino
inanim.	-	inanimado
m	-	nome masculino
m pl	-	masculino plural
m, f	-	masculino, feminino
masc.	-	masculino
mat.	-	matemática
mil.	-	militar
pl	-	plural
prep.	-	preposição
pron.	-	pronome
sb.	-	sobre
sing.	-	singular
v aux	-	verbo auxiliar
vi	-	verbo intransitivo
vi, vt	-	verbo intransitivo, transitivo
vr	-	verbo reflexivo
vt	-	verbo transitivo

CONCEITOS BÁSICOS

Conceitos básicos. Parte 1

1. Pronomes

eu	man	من
você	to	تو
ele, ela	u	او
nós	mā	ما
vocês	šomā	شما
eles, elas	ān-hā	آنها

2. Cumprimentos. Saudações. Despedidas

Olá!	salām	سلام
Bom dia!	sobh bexeyr	صبح بخیر
Boa tarde!	ruz bexeyr!	روز بخیر!
Boa noite!	asr bexeyr	عصربخیر
cumprimentar (vt)	salām kardan	سلام کردن
Oi!	salām	سلام
saudação (f)	salām	سلام
saudar (vt)	salām kardan	سلام کردن
Como você está?	haletān četowr ast?	حالتان چطور است؟
Como vai?	četorid?	چطورید؟
E aí, novidades?	če xabar?	چه خبر؟
Tchau!	xodāhāfez	خداحافظ
Até logo!	bāy bāy	بای بای
Até breve!	be omid-e didār!	به امید دیدار!
Adeus!	xodāhāfez!	خداحافظ!
despedir-se (dizer adeus)	xodāhāfezi kardan	خداحافظی کردن
Até mais!	tā bezudi!	تا بزودی!
Obrigado! -a!	motešakker-am!	متشکرم!
Muito obrigado! -a!	besyār motešakker-am!	بسیار متشکرم!
De nada	xāheš mikonam	خواهش می کنم
Não tem de quê	tašakkor lāzem nist	تشکر لازم نیست
Não foi nada!	qābel-i nadārad	قابلی ندارد
Desculpa!	bebaxšid!	ببخشید!
desculpar (vt)	baxšidan	بخشیدن
desculpar-se (vr)	ozr xāstan	عذر خواستن
Me desculpe	ozr mixāham	عذرمی خواهم

Desculpe!	bebaxšid!	ببخشید!
perdoar (vt)	baxšidan	بخشیدن
Não faz mal	mohem nist	مهم نیست
por favor	lotfan	لطفاً

Não se esqueça!	farāmuš nakonid!	فراموش نکنید!
Com certeza!	albate!	البته!
Claro que não!	albate ke neh!	البته که نه!
Está bem! De acordo!	besyār xob!	بسیارخوب!
Chega!	bas ast!	بس است!

3. Números cardinais. Parte 1

zero	sefr	صفر
um	yek	یک
dois	do	دو
três	se	سه
quatro	čāhār	چهار

cinco	panj	پنج
seis	šeš	شش
sete	haft	هفت
oito	hašt	هشت
nove	neh	نه

dez	dah	ده
onze	yāzdah	یازده
doze	davāzdah	دوازده
treze	sizdah	سیزده
catorze	čāhārdah	چهارده

quinze	pānzdah	پانزده
dezesseis	šānzdah	شانزده
dezessete	hefdah	هفده
dezoito	hijdah	هیجده
dezenove	nuzdah	نوزده

vinte	bist	بیست
vinte e um	bist-o yek	بیست ویک
vinte e dois	bist-o do	بیست ودو
vinte e três	bist-o se	بیست وسه

trinta	si	سی
trinta e um	si-yo yek	سی ویک
trinta e dois	si-yo do	سی ودو
trinta e três	si-yo se	سی وسه

quarenta	čehel	چهل
quarenta e um	čehel-o yek	چهل ویک
quarenta e dois	čehel-o do	چهل ودو
quarenta e três	čehel-o se	چهل وسه

cinquenta	panjāh	پنجاه
cinquenta e um	panjāh-o yek	پنجاه ویک

cinquenta e dois	panjãh-o do	پنجاه ودو
cinquenta e três	panjãh-o se	پنجاه وسه
sessenta	šast	شصت
sessenta e um	šast-o yek	شصت ویک
sessenta e dois	šast-o do	شصت ودو
sessenta e três	šast-o se	شصت وسه
setenta	haftãd	هفتاد
setenta e um	haftãd-o yek	هفتاد ویک
setenta e dois	haftãd-o do	هفتاد ودو
setenta e três	haftãd-o se	هفتاد وسه
oitenta	haštãd	هشتاد
oitenta e um	haštãd-o yek	هشتاد ویک
oitenta e dois	haštãd-o do	هشتاد ودو
oitenta e três	haštãd-o se	هشتاد وسه
noventa	navad	نود
noventa e um	navad-o yek	نود ویک
noventa e dois	navad-o do	نود ودو
noventa e três	navad-o se	نود وسه

4. Números cardinais. Parte 2

cem	sad	صد
duzentos	devist	دویست
trezentos	sisad	سیصد
quatrocentos	čãhãrsad	چهارصد
quinhentos	pãnsad	پانصد
seiscentos	šešsad	ششصد
setecentos	haftsad	هفتصد
oitocentos	haštsad	هشتصد
novecentos	nohsad	نهصد
mil	hezãr	هزار
dois mil	dohezãr	دوهزار
três mil	se hezãr	سه هزار
dez mil	dah hezãr	ده هزار
cem mil	sad hezãr	صد هزار
um milhão	milyun	میلیون
um bilhão	milyãrd	میلیارد

5. Números. Frações

fração (f)	kasr	کسر
um meio	yek dovvom	یک دوم
um terço	yek sevvom	یک سوم
um quarto	yek čãhãrom	یک چهارم
um oitavo	yek panjom	یک هشتم
um décimo	yek dahom	یک دهم

| dois terços | do sevvom | دو سوم |
| três quartos | se čāhārrom | سه چهارم |

6. Números. Operações básicas

subtração (f)	tafriq	تفریق
subtrair (vi, vt)	tafriq kardan	تفریق کردن
divisão (f)	taqsim	تقسیم
dividir (vt)	taqsim kardan	تقسیم کردن

adição (f)	jam'	جمع
somar (vt)	jam' kardan	جمع کردن
adicionar (vt)	ezāfe kardan	اضافه کردن
multiplicação (f)	zarb	ضرب
multiplicar (vt)	zarb kardan	ضرب کردن

7. Números. Diversos

algarismo, dígito (m)	raqam	رقم
número (m)	adad	عدد
numeral (m)	adadi	عددی
menos (m)	manfi	منفی
mais (m)	mosbat	مثبت
fórmula (f)	formul	فرمول

cálculo (m)	mohāsebe	محاسبه
contar (vt)	šemordan	شمردن
calcular (vt)	mohāsebe kardan	محاسبه کردن
comparar (vt)	moqāyse kardan	مقایسه کردن

Quanto, -os, -as?	čeqadr?	چقدر؟
soma (f)	jam'-e kol	جمع کل
resultado (m)	natije	نتیجه
resto (m)	bāqimānde	باقیمانده

alguns, algumas ...	čand	چند
pouco (~ tempo)	kami	کمی
resto (m)	baqiye	بقیه
um e meio	yek-o nim	یک و نیم
dúzia (f)	dojin	دوجین

ao meio	be do qesmat	به دو قسمت
em partes iguais	be tāsavi	به تساوی
metade (f)	nim	نیم
vez (f)	daf'e	دفعه

8. Os verbos mais importantes. Parte 1

| abrir (vt) | bāz kardan | باز کردن |
| acabar, terminar (vt) | be pāyān resāndan | به پایان رساندن |

aconselhar (vt)	nasihat kardan	نصیحت کردن
adivinhar (vt)	hads zadan	حدس زدن
advertir (vt)	hošdār dādan	هشدار دادن
ajudar (vt)	komak kardan	کمک کردن
almoçar (vi)	nāhār xordan	ناهار خوردن
alugar (~ um apartamento)	ejāre kardan	اجاره کردن
amar (pessoa)	dust dāštan	دوست داشتن
ameaçar (vt)	tahdid kardan	تهدید کردن
anotar (escrever)	neveštan	نوشتن
apressar-se (vr)	ajale kardan	عجله کردن
arrepender-se (vr)	afsus xordan	افسوس خوردن
assinar (vt)	emzā kardan	امضا کردن
brincar (vi)	šuxi kardan	شوخی کردن
brincar, jogar (vi, vt)	bāzi kardan	بازی کردن
buscar (vt)	jostoju kardan	جستجو کردن
caçar (vi)	šekār kardan	شکار کردن
cair (vi)	oftādan	افتادن
cavar (vt)	kandan	کندن
chamar (~ por socorro)	komak xāstan	کمک خواستن
chegar (vi)	residan	رسیدن
chorar (vi)	gerye kardan	گریه کردن
começar (vt)	šoru' kardan	شروع کردن
comparar (vt)	moqāyse kardan	مقایسه کردن
concordar (dizer "sim")	movāfeqat kardan	موافقت کردن
confiar (vt)	etminān kardan	اطمینان کردن
confundir (equivocar-se)	qāti kardan	قاطی کردن
conhecer (vt)	šenāxtan	شناختن
contar (fazer contas)	šemordan	شمردن
contar com ...	hesāb kardan	حساب کردن
continuar (vt)	edāme dādan	ادامه دادن
controlar (vt)	kontorol kardan	کنترل کردن
convidar (vt)	da'vat kardan	دعوت کردن
correr (vi)	davidan	دویدن
criar (vt)	ijād kardan	ایجاد کردن
custar (vt)	qeymat dāštan	قیمت داشتن

9. Os verbos mais importantes. Parte 2

dar (vt)	dādan	دادن
dar uma dica	sarnax dādan	سرنخ دادن
decorar (enfeitar)	tazyin kardan	تزیین کردن
defender (vt)	defā' kardan	دفاع کردن
deixar cair (vt)	andāxtan	انداختن
descer (para baixo)	pāyin āmadan	پایین آمدن
desculpar (vt)	baxšidan	بخشیدن
desculpar-se (vr)	ozr xāstan	عذر خواستن
dirigir (~ uma empresa)	edāre kardan	اداره کردن

discutir (notícias, etc.)	bahs kardan	بحث كردن
disparar, atirar (vi)	tirandāzi kardan	تیراندازی كردن
dizer (vt)	goftan	گفتن
duvidar (vt)	šok dāštan	شک داشتن
encontrar (achar)	peydā kardan	پیدا كردن
enganar (vt)	farib dādan	فریب دادن
entender (vt)	fahmidan	فهمیدن
entrar (na sala, etc.)	vāred šodan	وارد شدن
enviar (uma carta)	ferestādan	فرستادن
errar (enganar-se)	eštebāh kardan	اشتباه كردن
escolher (vt)	entexāb kardan	انتخاب كردن
esconder (vt)	penhān kardan	پنهان كردن
escrever (vt)	neveštan	نوشتن
esperar (aguardar)	montazer budan	منتظر بودن
esperar (ter esperança)	omid dāštan	امید داشتن
esquecer (vt)	farāmuš kardan	فراموش كردن
estudar (vt)	dars xāndan	درس خواندن
exigir (vt)	darxāst kardan	درخواست كردن
existir (vi)	vojud dāštan	وجود داشتن
explicar (vt)	touzih dādan	توضیح دادن
falar (vi)	harf zadan	حرف زدن
faltar (a la escuela, etc.)	qāyeb budan	غایب بودن
fazer (vt)	anjām dādan	انجام دادن
ficar em silêncio	sāket māndan	ساكت ماندن
gabar-se (vr)	be rox kešidan	به رخ كشیدن
gostar (apreciar)	dust dāštan	دوست داشتن
gritar (vi)	faryād zadan	فریاد زدن
guardar (fotos, etc.)	hefz kardan	حفظ كردن
informar (vt)	āgah kardan	آگاه كردن
insistir (vi)	esrār kardan	اصرار كردن
insultar (vt)	towhin kardan	توهین كردن
interessar-se (vr)	alāqe dāštan	علاقه داشتن
ir (a pé)	raftan	رفتن
ir nadar	ābtani kardan	آبتنی كردن
jantar (vi)	šām xordan	شام خوردن

10. Os verbos mais importantes. Parte 3

ler (vt)	xāndan	خواندن
libertar, liberar (vt)	āzād kardan	آزاد كردن
matar (vt)	koštan	كشتن
mencionar (vt)	zekr kardan	ذكر كردن
mostrar (vt)	nešān dādan	نشان دادن
mudar (modificar)	avaz kardan	عوض كردن
nadar (vi)	šenā kardan	شنا كردن
negar-se a ... (vr)	rad kardan	رد كردن
objetar (vt)	moxalefat kardan	مخالفت كردن

observar (vt)	mošāhede kardan	مشاهده کردن
ordenar (mil.)	farmān dādan	فرمان دادن
ouvir (vt)	šenidan	شنیدن
pagar (vt)	pardāxtan	پرداختن
parar (vi)	motevaghef šodan	متوقف شدن
parar, cessar (vt)	bas kardan	بس کردن
participar (vi)	šerekat kardan	شرکت کردن
pedir (comida, etc.)	sefāreš dādan	سفارش دادن
pedir (um favor, etc.)	xāstan	خواستن
pegar (tomar)	bardāštan	برداشتن
pegar (uma bola)	gereftan	گرفتن
pensar (vi, vt)	fekr kardan	فکر کردن
perceber (ver)	motevajjeh šodan	متوجه شدن
perdoar (vt)	baxšidan	بخشیدن
perguntar (vt)	porsidan	پرسیدن
permitir (vt)	ejāze dādan	اجازه دادن
pertencer a ... (vi)	ta'alloq dāštan	تعلق داشتن
planejar (vt)	barnāmerizi kardan	برنامه ریزی کردن
poder (~ fazer algo)	tavānestan	توانستن
possuir (uma casa, etc.)	sāheb budan	صاحب بودن
preferir (vt)	tarjih dādan	ترجیح دادن
preparar (vt)	poxtan	پختن
prever (vt)	pišbini kardan	پیش بینی کردن
prometer (vt)	qowl dādan	قول دادن
pronunciar (vt)	talaffoz kardan	تلفظ کردن
propor (vt)	pišnahād dādan	پیشنهاد دادن
punir (castigar)	tanbih kardan	تنبیه کردن
quebrar (vt)	šekastan	شکستن
queixar-se de ...	šekāyat kardan	شکایت کردن
querer (desejar)	xāstan	خواستن

11. Os verbos mais importantes. Parte 4

ralhar, repreender (vt)	da'vā kardan	دعوا کردن
recomendar (vt)	towsie kardan	توصیه کردن
repetir (dizer outra vez)	tekrār kardan	تکرار کردن
reservar (~ um quarto)	rezerv kardan	رزرو کردن
responder (vt)	javāb dādan	جواب دادن
rezar, orar (vi)	do'ā kardan	دعا کردن
rir (vi)	xandidan	خندیدن
roubar (vt)	dozdidan	دزدیدن
saber (vt)	dānestan	دانستن
sair (~ de casa)	birun raftan	بیرون رفتن
salvar (resgatar)	najāt dādan	نجات دادن
seguir (~ alguém)	donbāl kardan	دنبال کردن
sentar-se (vr)	nešastan	نشستن
ser necessário	hāmi budan	حامی بودن

ser, estar	budan	بودن
significar (vt)	ma'ni dāštan	معنی داشتن
sorrir (vi)	labxand zadan	لبخند زدن
subestimar (vt)	dast-e kam gereftan	دست کم گرفتن
surpreender-se (vr)	mote'ajjeb šodan	متعجب شدن
tentar (~ fazer)	talāš kardan	تلاش کردن
ter (vt)	dāštan	داشتن
ter fome	gorosne budan	گرسنه بودن
ter medo	tarsidan	ترسیدن
ter sede	tešne budan	تشنه بودن
tocar (com as mãos)	lams kardan	لمس کردن
tomar café da manhã	sobhāne xordan	صبحانه خوردن
trabalhar (vi)	kār kardan	کار کردن
traduzir (vt)	tarjome kardan	ترجمه کردن
unir (vt)	mottahed kardan	متحد کردن
vender (vt)	foruxtan	فروختن
ver (vt)	didan	دیدن
virar (~ para a direita)	pičidan	پیچیدن
voar (vi)	parvāz kardan	پرواز کردن

12. Cores

cor (f)	rang	رنگ
tom (m)	teyf-e rang	طیف رنگ
tonalidade (m)	rangmaye	رنگمایه
arco-íris (m)	rangin kamān	رنگین کمان
branco (adj)	sefid	سفید
preto (adj)	siyāh	سیاه
cinza (adj)	xākestari	خاکستری
verde (adj)	sabz	سبز
amarelo (adj)	zard	زرد
vermelho (adj)	sorx	سرخ
azul (adj)	abi	آبی
azul claro (adj)	ābi rowšan	آبی روشن
rosa (adj)	surati	صورتی
laranja (adj)	nārenji	نارنجی
violeta (adj)	banafš	بنفش
marrom (adj)	qahve i	قهوه ای
dourado (adj)	talāyi	طلایی
prateado (adj)	noqre i	نقره ای
bege (adj)	baž	بژ
creme (adj)	kerem	کرم
turquesa (adj)	firuze i	فیروزه ای
vermelho cereja (adj)	ālbāluyi	آلبالویی
lilás (adj)	banafš yasi	بنفش یاسی
carmim (adj)	zereški	زرشکی

claro (adj)	rowšan	روشن
escuro (adj)	tire	تیره
vivo (adj)	rowšan	روشن

de cor	rangi	رنگی
a cores	rangi	رنگی
preto e branco (adj)	siyāh-o sefid	سیاه و سفید
unicolor (de uma só cor)	yek rang	یک رنگ
multicolor (adj)	rangārang	رنگارنگ

13. Questões

Quem?	če kas-i?	چه کسی؟
O que?	če čiz-i?	چه چیزی؟
Onde?	kojā?	کجا؟
Para onde?	kojā?	کجا؟
De onde?	az kojā?	از کجا؟
Quando?	če vaqt?	چه وقت؟
Para quê?	čerā?	چرا؟
Por quê?	čerā?	چرا؟

Para quê?	barā-ye če?	برای چه؟
Como?	četor?	چطور؟
Qual (~ é o problema?)	kodām?	کدام؟
Qual (~ deles?)	kodām?	کدام؟

A quem?	barā-ye ki?	برای کی؟
De quem?	dar bāre-ye ki?	درباره کی؟
Do quê?	darbāre-ye či?	درباره چی؟
Com quem?	bā ki?	با کی؟

Quanto, -os, -as?	čeqadr?	چقدر؟
De quem (~ é isto?)	māl-e ki?	مال کی؟

14. Palavras funcionais. Advérbios. Parte 1

Onde?	kojā?	کجا؟
aqui	in jā	این جا
lá, ali	ānjā	آنجا

em algum lugar	jā-yi	جایی
em lugar nenhum	hič kojā	هیچ کجا

perto de …	nazdik	نزدیک
perto da janela	nazdik panjere	نزدیک پنجره

Para onde?	kojā?	کجا؟
aqui	in jā	این جا
para lá	ānjā	آنجا
daqui	az injā	از اینجا
de lá, dali	az ānjā	از آنجا
perto	nazdik	نزدیک

longe	dur	دور
perto de ...	nazdik	نزدیک
à mão, perto	nazdik	نزدیک
não fica longe	nazdik	نزدیک
esquerdo (adj)	čap	چپ
à esquerda	dast-e čap	دست چپ
para a esquerda	be čap	به چپ
direito (adj)	rāst	راست
à direita	dast-e rāst	دست راست
para a direita	be rāst	به راست
em frente	jelo	جلو
da frente	jelo	جلو
adiante (para a frente)	jelo	جلو
atrás de ...	aqab	عقب
de trás	az aqab	از عقب
para trás	aqab	عقب
meio (m), metade (f)	vasat	وسط
no meio	dar vasat	در وسط
do lado	pahlu	پهلو
em todo lugar	hame jā	همه جا
por todos os lados	atrāf	اطراف
de dentro	az daxel	از داخل
para algum lugar	jā-yi	جایی
diretamente	mostaqim	مستقیم
de volta	aqab	عقب
de algum lugar	az har jā	از هر جا
de algum lugar	az yek jā-yi	از یک جایی
em primeiro lugar	avvalan	اولاً
em segundo lugar	dumā	دوما
em terceiro lugar	sālesan	ثالثاً
de repente	nāgahān	ناگهان
no início	dar avval	در اول
pela primeira vez	barā-ye avvalin bār	برای اولین بار
muito antes de ...	xeyli vaqt piš	خیلی وقت پیش
de novo	az now	از نو
para sempre	barā-ye hamiše	برای همیشه
nunca	hič vaqt	هیچ وقت
de novo	dobāre	دوباره
agora	alān	الان
frequentemente	aqlab	اغلب
então	ān vaqt	آن وقت
urgentemente	foran	فوراً
normalmente	ma'mulan	معمولاً
a propósito, ...	rāst-i	راستی
é possível	momken ast	ممکن است

provavelmente	ehtemālan	احتمالاً
talvez	šāyad	شايد
além disso, ...	bealāve	بعلاوه
por isso ...	be hamin xāter	به همين خاطر
apesar de ...	alāraqm	عليرغم
graças a ...	be lotf	به لطف

que (pron.)	če?	چه؟
que (conj.)	ke	که
algo	yek čiz-i	يک چيزى
alguma coisa	yek kāri	يک کارى
nada	hič čiz	هيچ چيز

quem	ki	کى
alguém (~ que ...)	yek kas-i	يک کسى
alguém (com ~)	yek kas-i	يک کسى

ninguém	hič kas	هيچ کس
para lugar nenhum	hič kojā	هيچ کجا
de ninguém	māl-e hičkas	مال هيچ کس
de alguém	har kas-i	هر کسى

tão	xeyli	خيلى
também (gostaria ~ de ...)	ham	هم
também (~ eu)	ham	هم

15. Palavras funcionais. Advérbios. Parte 2

Por quê?	čerā?	چرا؟
por alguma razão	be dalil-i	به دليلى
porque ...	čon	چون
por qualquer razão	barā-ye maqsudi	براى مقصودى

e (tu ~ eu)	va	و
ou (ser ~ não ser)	yā	يا
mas (porém)	ammā	اما
para (~ a minha mãe)	barā-ye	براى

muito, demais	besyār	بسيار
só, somente	faqat	فقط
exatamente	daqiqan	دقيقا
cerca de (~ 10 kg)	taqriban	تقريباً

aproximadamente	taqriban	تقريباً
aproximado (adj)	taqribi	تقريبى
quase	taqriban	تقريباً
resto (m)	baqiye	بقيه

o outro (segundo)	digar	ديگر
outro (adj)	digar	ديگر
cada (adj)	har	هر
qualquer (adj)	har	هر
muito, muitos, muitas	ziyād	زياد
muitas pessoas	besyāri	بسبارى

todos	hame	همه
em troca de …	dar avaz	در عوض
em troca	dar barābar	در برابر
à mão	dasti	دستی
pouco provável	baid ast	بعید است

provavelmente	ehtemālan	احتمالاً
de propósito	amdan	عمداً
por acidente	tasādofi	تصادفی

muito	besyār	بسیار
por exemplo	masalan	مثلاً
entre	beyn	بین
entre (no meio de)	miyān	میان
tanto	in qadr	این قدر
especialmente	maxsusan	مخصوصاً

Conceitos básicos. Parte 2

16. Opostos

rico (adj)	servatmand	ثروتمند
pobre (adj)	faqir	فقیر
doente (adj)	bimār	بیمار
bem (adj)	sālem	سالم
grande (adj)	bozorg	بزرگ
pequeno (adj)	kučak	کوچک
rapidamente	sariʿ	سریع
lentamente	āheste	آهسته
rápido (adj)	sariʿ	سریع
lento (adj)	āheste	آهسته
alegre (adj)	xošhāl	خوشحال
triste (adj)	qamgin	غمگین
juntos (ir ~)	bāham	باهم
separadamente	jodāgāne	جداگانه
em voz alta (ler ~)	boland	بلند
para si (em silêncio)	be ārāmi	به آرامی
alto (adj)	boland	بلند
baixo (adj)	kutāh	کوتاه
profundo (adj)	amiq	عمیق
raso (adj)	sathi	سطحی
sim	bale	بله
não	neh	نه
distante (adj)	dur	دور
próximo (adj)	nazdik	نزدیک
longe	dur	دور
à mão, perto	nazdik	نزدیک
longo (adj)	derāz	دراز
curto (adj)	kutāh	کوتاه
bom (bondoso)	mehrbān	مهربان
mal (adj)	badjens	بدجنس
casado (adj)	mote'ahhel	متاهل

solteiro (adj)	mojarrad	مجرد
proibir (vt)	mamnuʿ kardan	ممنوع کردن
permitir (vt)	ejāze dādan	اجازه دادن
fim (m)	pāyān	پایان
início (m)	šoruʿ	شروع
esquerdo (adj)	čap	چپ
direito (adj)	rāst	راست
primeiro (adj)	avvalin	اولین
último (adj)	āxarin	آخرین
crime (m)	jenāyat	جنایت
castigo (m)	mojāzāt	مجازات
ordenar (vt)	farmān dādan	فرمان دادن
obedecer (vt)	etāʿat kardan	اطاعت کردن
reto (adj)	mostaqim	مستقیم
curvo (adj)	monhani	منحنی
paraíso (m)	behešt	بهشت
inferno (m)	jahannam	جهنم
nascer (vi)	motevalled šodan	متولد شدن
morrer (vi)	mordan	مردن
forte (adj)	nirumand	نیرومند
fraco, débil (adj)	zaʿif	ضعیف
velho, idoso (adj)	kohne	کهنه
jovem (adj)	javān	جوان
velho (adj)	qadimi	قدیمی
novo (adj)	jadid	جدید
duro (adj)	soft	سفت
macio (adj)	narm	نرم
quente (adj)	garm	گرم
frio (adj)	sard	سرد
gordo (adj)	čāq	چاق
magro (adj)	lāqar	لاغر
estreito (adj)	bārik	باریک
largo (adj)	vasiʿ	وسیع
bom (adj)	xub	خوب
mau (adj)	bad	بد
valente, corajoso (adj)	šojāʿ	شجاع
covarde (adj)	tarsu	ترسو

17. Dias da semana

segunda-feira (f)	došanbe	دوشنبه
terça-feira (f)	se šanbe	سه شنبه
quarta-feira (f)	čāhāršanbe	چهارشنبه
quinta-feira (f)	panj šanbe	پنج شنبه
sexta-feira (f)	jom'e	جمعه
sábado (m)	šanbe	شنبه
domingo (m)	yek šanbe	یک شنبه
hoje	emruz	امروز
amanhã	fardā	فردا
depois de amanhã	pas fardā	پس فردا
ontem	diruz	دیروز
anteontem	pariruz	پریروز
dia (m)	ruz	روز
dia (m) de trabalho	ruz-e kāri	روز کاری
feriado (m)	ruz-e jašn	روز جشن
dia (m) de folga	ruz-e ta'til	روز تعطیل
fim (m) de semana	āxar-e hafte	آخر هفته
o dia todo	tamām-e ruz	تمام روز
no dia seguinte	ruz-e ba'd	روز بعد
há dois dias	do ruz-e piš	دو روز پیش
na véspera	ruz-e qabl	روز قبل
diário (adj)	ruzāne	روزانه
todos os dias	har ruz	هر روز
semana (f)	hafte	هفته
na semana passada	hafte-ye gozašte	هفته گذشته
semana que vem	hafte-ye āyande	هفته آینده
semanal (adj)	haftegi	هفتگی
toda semana	har hafte	هر هفته
duas vezes por semana	do bār dar hafte	دو بار درهفته
toda terça-feira	har sešanbe	هر سه شنبه

18. Horas. Dia e noite

manhã (f)	sobh	صبح
de manhã	sobh	صبح
meio-dia (m)	zohr	ظهر
à tarde	ba'd az zohr	بعد ازظهر
tardinha (f)	asr	عصر
à tardinha	asr	عصر
noite (f)	šab	شب
à noite	šab	شب
meia-noite (f)	nesfe šab	نصفه شب
segundo (m)	sānie	ثانیه
minuto (m)	daqiqe	دقیقه
hora (f)	sā'at	ساعت

meia hora (f)	nim sā'at	نیم ساعت
quarto (m) de hora	yek rob'	یک ربع
quinze minutos	pānzdah daqiqe	پانزده دقیقه
vinte e quatro horas	šabāne ruz	شبانه روز
nascer (m) do sol	tolu-'e āftāb	طلوع آفتاب
amanhecer (m)	sahar	سحر
madrugada (f)	sobh-e zud	صبح زود
pôr-do-sol (m)	qorub	غروب
de madrugada	sobh-e zud	صبح زود
esta manhã	emruz sobh	امروز صبح
amanhã de manhã	fardā sobh	فردا صبح
esta tarde	emruz zohr	امروز ظهر
à tarde	ba'd az zohr	بعد ازظهر
amanhã à tarde	fardā ba'd az zohr	فردا بعد ازظهر
esta noite, hoje à noite	emšab	امشب
amanhã à noite	fardā šab	فردا شب
às três horas em ponto	sar-e sā'at-e se	سر ساعت ۳
por volta das quatro	nazdik-e sā'at-e čāhār	نزدیک ساعت ۴
às doze	nazdik zohr	نزدیک ظهر
em vinte minutos	bist daqiqe-ye digar	۲۰ دقیقه دیگر
em uma hora	yek sā'at-e digar	یک ساعت دیگر
a tempo	be moqe'	به موقع
… um quarto para	yek rob' be	یک ربع به
dentro de uma hora	yek sā'at-e digar	یک ساعت دیگر
a cada quinze minutos	har pānzdah daqiqe	هر ۵۱ دقیقه
as vinte e quatro horas	šabāne ruz	شبانه روز

19. Meses. Estações

janeiro (m)	žānvie	ژانویه
fevereiro (m)	fevriye	فوریه
março (m)	mārs	مارس
abril (m)	āvril	آوریل
maio (m)	meh	مه
junho (m)	žuan	ژوئن
julho (m)	žuiye	ژوئیه
agosto (m)	owt	اوت
setembro (m)	septāmbr	سپتامبر
outubro (m)	oktobr	اکتبر
novembro (m)	novāmbr	نوامبر
dezembro (m)	desāmr	دسامبر
primavera (f)	bahār	بهار
na primavera	dar bahār	در بهار
primaveril (adj)	bahāri	بهاری
verão (m)	tābestān	تابستان

| no verão | dar tābestān | در تابستان |
| de verão | tābestāni | تابستانی |

outono (m)	pāyiz	پاییز
no outono	dar pāyiz	در پاییز
outonal (adj)	pāyizi	پاییزی

inverno (m)	zemestān	زمستان
no inverno	dar zemestān	در زمستان
de inverno	zemestāni	زمستانی
mês (m)	māh	ماه
este mês	in māh	این ماه
mês que vem	māh-e āyande	ماه آینده
no mês passado	māh-e gozašte	ماه گذشته

um mês atrás	yek māh qabl	یک ماه قبل
em um mês	yek māh digar	یک ماه دیگر
em dois meses	do māh-e digar	۲ماه دیگر
todo o mês	tamām-e māh	تمام ماه
um mês inteiro	tamām-e māh	تمام ماه

mensal (adj)	māhāne	ماهانه
mensalmente	māhāne	ماهانه
todo mês	har māh	هر ماه
duas vezes por mês	do bār dar māh	دو بار درماه

ano (m)	sāl	سال
este ano	emsāl	امسال
ano que vem	sāl-e āyande	سال آینده
no ano passado	sāl-e gozašte	سال گذشته
há um ano	yek sāl qabl	یک سال قبل
em um ano	yek sāl-e digar	یک سال دیگر
dentro de dois anos	do sāl-e digar	۲سال دیگر
todo o ano	tamām-e sāl	تمام سال
um ano inteiro	tamām-e sāl	تمام سال

cada ano	har sāl	هر سال
anual (adj)	sālāne	سالانه
anualmente	sālāne	سالانه
quatro vezes por ano	čāhār bār dar sāl	چهار بار در سال

data (~ de hoje)	tārix	تاریخ
data (ex. ~ de nascimento)	tārix	تاریخ
calendário (m)	taqvim	تقویم

meio ano	nim sāl	نیم سال
seis meses	nim sāl	نیم سال
estação (f)	fasl	فصل
século (m)	qarn	قرن

20. Tempo. Diversos

| tempo (m) | zamān | زمان |
| momento (m) | lahze | لحظه |

instante (m)	lahze	لمظه
instantâneo (adj)	āni	آنی
lapso (m) de tempo	baxši az zamān	بخشی از زمان
vida (f)	zendegi	زندگی
eternidade (f)	abadiyat	ابدیت

época (f)	asr	عصر
era (f)	dowre	دوره
ciclo (m)	čarxe	چرخه
período (m)	dowre	دوره
prazo (m)	mohlat	مهلت

futuro (m)	āyande	آینده
futuro (adj)	āyande	آینده
da próxima vez	daf'e-ye ba'd	دفعه بعد
passado (m)	gozašte	گذشته
passado (adj)	gozašte	گذشته
na última vez	daf'e-ye gozašte	دفعه گذشته
mais tarde	ba'dan	بعداً
depois de ...	ba'd az	بعد از
atualmente	aknun	اکنون
agora	alān	الان
imediatamente	foran	فوراً
em breve	be zudi	به زودی
de antemão	az qabl	از قبل

há muito tempo	moddathā piš	مدت ها پیش
recentemente	axiran	اخیراً
destino (m)	sarnevešt	سرنوشت
recordações (f pl)	xāterāt	خاطرات
arquivo (m)	āršiv	آرشیو
durante ...	dar zamān	در زمان
durante muito tempo	tulāni	طولانی
pouco tempo	kutāh	کوتاه
cedo (levantar-se ~)	zud	زود
tarde (deitar-se ~)	dir	دیر

para sempre	barā-ye hamiše	برای همیشه
começar (vt)	šoru' kardan	شروع کردن
adiar (vt)	mowkul kardan	موکول کردن

ao mesmo tempo	ham zamān	هم زمان
permanentemente	dāemi	دائمی
constante (~ ruído, etc.)	dāemi	دائمی
temporário (adj)	movaqqati	موقتی

às vezes	gāh-i	گاهی
raras vezes, raramente	be nodrat	به ندرت
frequentemente	aqlab	اغلب

21. Linhas e formas

quadrado (m)	morabba'	مربع
quadrado (adj)	morabba'	مربع

círculo (m)	dāyere	دایره
redondo (adj)	gard	گرد
triângulo (m)	mosallas	مثلث
triangular (adj)	mosallasi	مثلثی
oval (f)	beyzi	بیضی
oval (adj)	beyzi	بیضی
retângulo (m)	mostatil	مستطیل
retangular (adj)	mostatil	مستطیل
pirâmide (f)	heram	هرم
losango (m)	lowz-i	لوزی
trapézio (m)	zuzanaqe	ذوزنقه
cubo (m)	moka'ab	مکعب
prisma (m)	manšur	منشور
circunferência (f)	mohit-e monhani	محیط منحنی
esfera (f)	kare	کره
globo (m)	kare	کره
diâmetro (m)	qotr	قطر
raio (m)	šo'ā'	شعاع
perímetro (m)	mohit	محیط
centro (m)	markaz	مرکز
horizontal (adj)	ofoqi	افقی
vertical (adj)	amudi	عمودی
paralela (f)	movāzi	موازی
paralelo (adj)	movāzi	موازی
linha (f)	xat	خط
traço (m)	xat	خط
reta (f)	xatt-e mostaqim	خط مستقیم
curva (f)	monhani	منحنی
fino (linha ~a)	nāzok	نازک
contorno (m)	borun namā	برون نما
interseção (f)	taqāto'	تقاطع
ângulo (m) reto	zāvie-ye qāem	زاویه قائم
segmento (m)	qet'e	قطعه
setor (m)	baxš	بخش
lado (de um triângulo, etc.)	taraf	طرف
ângulo (m)	zāvie	زاویه

22. Unidades de medida

peso (m)	vazn	وزن
comprimento (m)	tul	طول
largura (f)	arz	عرض
altura (f)	ertefā'	ارتفاع
profundidade (f)	omq	عمق
volume (m)	hajm	حجم
área (f)	masāhat	مساحت
grama (m)	garm	گرم
miligrama (m)	mili geram	میلی گرم

quilograma (m)	kilugeram	کیلوگرم
tonelada (f)	ton	تن
libra (453,6 gramas)	pond	پوند
onça (f)	ons	اونس
metro (m)	metr	متر
milímetro (m)	mili metr	میلی متر
centímetro (m)	sāntimetr	سانتیمتر
quilômetro (m)	kilumetr	کیلومتر
milha (f)	māyel	مایل
polegada (f)	inč	اینچ
pé (304,74 mm)	fowt	فوت
jarda (914,383 mm)	yārd	یارد
metro (m) quadrado	metr morabba'	متر مربع
hectare (m)	hektār	هکتار
litro (m)	litr	لیتر
grau (m)	daraje	درجه
volt (m)	volt	ولت
ampère (m)	āmper	آمپر
cavalo (m) de potência	asb-e boxār	اسب بخار
quantidade (f)	meqdār	مقدار
um pouco de …	kami	کمی
metade (f)	nim	نیم
dúzia (f)	dojin	دوجین
peça (f)	tā	تا
tamanho (m), dimensão (f)	andāze	اندازه
escala (f)	meqyās	مقیاس
mínimo (adj)	haddeaqal	حداقل
menor, mais pequeno	kučaktarin	کوچکترین
médio (adj)	motevasset	متوسط
máximo (adj)	haddeaksar	حداکثر
maior, mais grande	bištarin	بیشترین

23. Recipientes

pote (m) de vidro	šišeh konserv	شیشه کنسرو
lata (~ de cerveja)	quti	قوطی
balde (m)	satl	سطل
barril (m)	boške	بشکه
bacia (~ de plástico)	tašt	تشت
tanque (m)	maxzan	مخزن
cantil (m) de bolso	qomqome	قمقمه
galão (m) de gasolina	dabbe	دبه
cisterna (f)	maxzan	مخزن
caneca (f)	livān	لیوان
xícara (f)	fenjān	فنجان

pires (m)	na'lbeki	نعلبکی
copo (m)	estekān	استکان
taça (f) de vinho	gilās-e šarāb	گیلاس شراب
panela (f)	qāblame	قابلمه

garrafa (f)	botri	بطری
gargalo (m)	gardan-e botri	گردن بطری

jarra (f)	tong	تنگ
jarro (m)	pārč	پارچ
recipiente (m)	zarf	ظرف
pote (m)	sofāl	سفال
vaso (m)	goldān	گلدان

frasco (~ de perfume)	botri	بطری
frasquinho (m)	viyāl	ویال
tubo (m)	tiyub	تیوب

saco (ex. ~ de açúcar)	kise	کیسه
sacola (~ plastica)	pākat	پاکت
maço (de cigarros, etc.)	baste	بسته

caixa (~ de sapatos, etc.)	ja'be	جعبه
caixote (~ de madeira)	sanduq	صندوق
cesto (m)	sabad	سبد

24. Materiais

material (m)	mādde	ماده
madeira (f)	deraxt	درخت
de madeira	čubi	چوبی

vidro (m)	šiše	شیشه
de vidro	šiše i	شیشه ای

pedra (f)	sang	سنگ
de pedra	sangi	سنگی

plástico (m)	pelāstik	پلاستیک
plástico (adj)	pelāstiki	پلاستیکی

borracha (f)	lāstik	لاستیک
de borracha	lāstiki	لاستیکی

tecido, pano (m)	pārče	پارچه
de tecido	pārče-i	پارچه ی

papel (m)	kāqaz	کاغذ
de papel	kāqazi	کاغذی

papelão (m)	kārton	کارتن
de papelão	kārtoni	کارتونی
polietileno (m)	polietilen	پلیاتیلن
celofane (m)	solofān	سلوفان

linóleo (m)	linoleom	لینولئوم
madeira (f) compensada	taxte-ye čand lāyi	تخته چند لایی

porcelana (f)	čini	چینی
de porcelana	čini	چینی
argila (f), barro (m)	xāk-e ros	خاک رس
de barro	sofāli	سفالی
cerâmica (f)	serāmik	سرامیک
de cerâmica	serāmiki	سرامیکی

25. Metais

metal (m)	felez	فلز
metálico (adj)	felezi	فلزی
liga (f)	ālyiāž	آلیاژ

ouro (m)	talā	طلا
de ouro	talā	طلا
prata (f)	noqre	نقره
de prata	noqre	نقره

ferro (m)	āhan	آهن
de ferro	āhani	آهنی
aço (m)	fulād	فولاد
de aço (adj)	fulādi	فولادی
cobre (m)	mes	مس
de cobre	mesi	مسی

alumínio (m)	ālominiyom	آلومینیوم
de alumínio	ālominiyomi	آلومینیومی
bronze (m)	boronz	برنز
de bronze	boronzi	برنزی

latão (m)	berenj	برنج
níquel (m)	nikel	نیکل
platina (f)	pelātin	پلاتین
mercúrio (m)	jive	جیوه
estanho (m)	qal'	قلع
chumbo (m)	sorb	سرب
zinco (m)	ruy	روی

O SER HUMANO

O ser humano. O corpo

26. Humanos. Conceitos básicos

ser (m) humano	ensān	انسان
homem (m)	mard	مرد
mulher (f)	zan	زن
criança (f)	kudak	کودک
menina (f)	doxtar	دختر
menino (m)	pesar bače	پسر بچه
adolescente (m)	nowjavān	نوجوان
velho (m)	pirmard	پیرمرد
velha (f)	pirzan	پیرزن

27. Anatomia humana

organismo (m)	orgānism	ارگانیسم
coração (m)	qalb	قلب
sangue (m)	xun	خون
artéria (f)	sorxrag	سرخرگ
veia (f)	siyāhrag	سیاهرگ
cérebro (m)	maqz	مغز
nervo (m)	asab	عصب
nervos (m pl)	a'sāb	اعصاب
vértebra (f)	mohre	مهره
coluna (f) vertebral	sotun-e faqarāt	ستون فقرات
estômago (m)	me'de	معده
intestinos (m pl)	rude	روده
intestino (m)	rude	روده
fígado (m)	kabed	کبد
rim (m)	kolliye	کلیه
osso (m)	ostexān	استخوان
esqueleto (m)	eskelet	اسکلت
costela (f)	dande	دنده
crânio (m)	jomjome	جمجمه
músculo (m)	azole	عضله
bíceps (m)	azole-ye dosar	عضلۀ دوسر
tríceps (m)	azole-ye se sar	عضلۀ سه سر
tendão (m)	tāndon	تاندون
articulação (f)	mofassal	مفصل

pulmões (m pl)	rie	ریه
órgãos (m pl) genitais	andām hā-ye tanāsol-i	اندام های تناسلی
pele (f)	pust	پوست

28. Cabeça

cabeça (f)	sar	سر
rosto, cara (f)	surat	صورت
nariz (m)	bini	بینی
boca (f)	dahān	دهان

olho (m)	češm	چشم
olhos (m pl)	češm-hā	چشم ها
pupila (f)	mardomak	مردمک
sobrancelha (f)	abru	ابرو
cílio (f)	može	مژه
pálpebra (f)	pelek	پلک

língua (f)	zabān	زبان
dente (m)	dandān	دندان
lábios (m pl)	lab-hā	لب ها
maçãs (f pl) do rosto	ostexānhā-ye gune	استخوان های گونه
gengiva (f)	lase	لثه
palato (m)	saqf-e dahān	سقف دهان

narinas (f pl)	surāxhā-ye bini	سوراخ های بینی
queixo (m)	čāne	چانه
mandíbula (f)	fak	فک
bochecha (f)	gune	گونه

testa (f)	pišāni	پیشانی
têmpora (f)	gijgāh	گیجگاه
orelha (f)	guš	گوش
costas (f pl) da cabeça	pas gardan	پس گردن
pescoço (m)	gardan	گردن
garganta (f)	galu	گلو

cabelo (m)	mu-hā	مو ها
penteado (m)	model-e mu	مدل مو
corte (m) de cabelo	model-e mu	مدل مو
peruca (f)	kolāh-e gis	کلاه گیس

bigode (m)	sebil	سبیل
barba (f)	riš	ریش
ter (~ barba, etc.)	gozāštan	گذاشتن
trança (f)	muy-ye bāfte	موی بافته
suíças (f pl)	xatt-e riš	خط ریش

ruivo (adj)	muqermez	موقرمز
grisalho (adj)	sefid-e mu	سفید مو
careca (adj)	tās	طاس
calva (f)	tāsi	طاسی
rabo-de-cavalo (m)	dom-e asbi	دم اسبی
franja (f)	čatri	چتری

29. Corpo humano

mão (f)	dast	دست
braço (m)	bāzu	بازو
dedo (m)	angošt	انگشت
dedo (m) do pé	šast-e pā	شصت پا
polegar (m)	šost	شست
dedo (m) mindinho	angošt-e kučak	انگشت کوچک
unha (f)	nāxon	ناخن
punho (m)	mošt	مشت
palma (f)	kaf-e dast	کف دست
pulso (m)	moč-e dast	مچ دست
antebraço (m)	sā'ed	ساعد
cotovelo (m)	āranj	آرنج
ombro (m)	ketf	کتف
perna (f)	pā	پا
pé (m)	pā	پا
joelho (m)	zānu	زانو
panturrilha (f)	sāq	ساق
quadril (m)	rān	ران
calcanhar (m)	pāšne-ye pā	پاشنۀ پا
corpo (m)	badan	بدن
barriga (f), ventre (m)	šekam	شکم
peito (m)	sine	سینه
seio (m)	sine	سینه
lado (m)	pahlu	پهلو
costas (dorso)	pošt	پشت
região (f) lombar	kamar	کمر
cintura (f)	dur-e kamar	دور کمر
umbigo (m)	nāf	ناف
nádegas (f pl)	nešiman-e gāh	نشیمن گاه
traseiro (m)	bāsan	باسن
sinal (m), pinta (f)	xāl	خال
sinal (m) de nascença	xāl-e mādarzād	خال مادرزاد
tatuagem (f)	xāl kubi	خال کوبی
cicatriz (f)	jā-ye zaxm	جای زخم

Vestuário & Acessórios

30. Roupa exterior. Casacos

roupa (f)	lebās	لباس
roupa (f) exterior	lebās-e ru	لباس رو
roupa (f) de inverno	lebās-e zemestāni	لباس زمستانی
sobretudo (m)	pāltow	پالتو
casaco (m) de pele	pālto-ye pustin	پالتوی پوستین
jaqueta (f) de pele	kot-e pustin	کت پوستین
casaco (m) acolchoado	kāpšan	کاپشن
casaco (m), jaqueta (f)	kot	کت
impermeável (m)	bārāni	بارانی
a prova d'água	zed-e āb	ضد آب

31. Vestuário de homem & mulher

camisa (f)	pirāhan	پیراهن
calça (f)	šalvār	شلوار
jeans (m)	jin	جین
paletó, terno (m)	kot	کت
terno (m)	kat-o šalvār	کت و شلوار
vestido (ex. ~ de noiva)	lebās	لباس
saia (f)	dāman	دامن
blusa (f)	boluz	بلوز
casaco (m) de malha	jeliqe-ye kešbāf	جلیقه کشباف
casaco, blazer (m)	kot	کت
camiseta (f)	tey šarr-at	تی شرت
short (m)	šalvarak	شلوارک
training (m)	lebās-e varzeši	لباس ورزشی
roupão (m) de banho	howle-ye hamām	حوله حمام
pijama (m)	pižāme	پیژامه
suéter (m)	poliver	پلیور
pulôver (m)	poliver	پلیور
colete (m)	jeliqe	جلیقه
fraque (m)	kat-e dāman gerd	کت دامن گرد
smoking (m)	esmoking	اسموکینگ
uniforme (m)	oniform	اونیفورم
roupa (f) de trabalho	lebās-e kār	لباس کار
macacão (m)	rupuš	روپوش
jaleco (m), bata (f)	rupuš	روپوش

32. Vestuário. Roupa interior

roupa (f) íntima	lebās-e zir	لباس زیر
cueca boxer (f)	šort-e bākser	شورت باكسر
calcinha (f)	šort-e zanāne	شورت زنانه
camiseta (f)	zir-e pirāhan-i	زیر پیراهنی
meias (f pl)	jurāb	جوراب
camisola (f)	lebās-e xāb	لباس خواب
sutiã (m)	sine-ye band	سینه بند
meias longas (f pl)	sāq	ساق
meias-calças (f pl)	jurāb-e šalvāri	جوراب شلواری
meias (~ de nylon)	jurāb-e sāqeboland	جوراب ساقه بلند
maiô (m)	māyo	مایو

33. Adereços de cabeça

chapéu (m), touca (f)	kolāh	كلاه
chapéu (m) de feltro	šāpo	شاپو
boné (m) de beisebol	kolāh beysbāl	كلاه بیس بال
boina (~ italiana)	kolāh-e taxt	كلاه تخت
boina (ex. ~ basca)	kolāh barre	كلاه بره
capuz (m)	kolāh-e bārāni	كلاه بارانی
chapéu panamá (m)	kolāh-e dowre-ye boland	كلاه دوره بلند
touca (f)	kolāh-e bāftani	كلاه بافتنی
lenço (m)	rusari	روسری
chapéu (m) feminino	kolāh-e zanāne	كلاه زنانه
capacete (m) de proteção	kolāh-e imeni	كلاه ایمنی
bibico (m)	kolāh-e pādegān	كلاه پادگان
capacete (m)	kolāh-e imeni	كلاه ایمنی
chapéu-coco (m)	kolāh-e namadi	كلاه نمدی
cartola (f)	kolāh-e ostovānei	كلاه استوانه ای

34. Calçado

calçado (m)	kafš	كفش
botinas (f pl), sapatos (m pl)	putin	پوتین
sapatos (de salto alto, etc.)	kafš	كفش
botas (f pl)	čakme	چكمه
pantufas (f pl)	dampāyi	دمپایی
tênis (~ Nike, etc.)	kafš katān-i	كفش كتانی
tênis (~ Converse)	kafš katān-i	كفش كتانی
sandálias (f pl)	sandal	صندل
sapateiro (m)	kaffāš	كفاش
salto (m)	pāšne-ye kafš	پاشنۀ كفش

par (m)	yek joft	یک جفت
cadarço (m)	band-e kafš	بند کفش
amarrar os cadarços	band-e kafš bastan	بند کفش بستن
calçadeira (f)	pāšne keš	پاشنه کش
graxa (f) para calçado	vāks	واکس

35. Têxtil. Tecidos

algodão (m)	panbe	پنبه
de algodão	panbe i	پنبه ای
linho (m)	katān	کتان
de linho	katāni	کتانی
seda (f)	abrišam	ابریشم
de seda	abrišami	ابریشمی
lã (f)	pašm	پشم
de lã	pašmi	پشمی
veludo (m)	maxmal	مخمل
camurça (f)	jir	جیر
veludo (m) cotelê	maxmal-e kebriti	مخمل کبریتی
nylon (m)	nāylon	نایلون
de nylon	nāyloni	نایلونی
poliéster (m)	poliester	پلی استر
de poliéster	poliester	پلیاستر
couro (m)	čarm	چرم
de couro	čarmi	چرمی
pele (f)	xaz	خز
de pele	xaz	خز

36. Acessórios pessoais

luva (f)	dastkeš	دستکش
mitenes (f pl)	dastkeš-e yek angošti	دستکش یک انگشتی
cachecol (m)	šāl-e gardan	شال گردن
óculos (m pl)	eynak	عینک
armação (f)	qāb	قاب
guarda-chuva (m)	čatr	چتر
bengala (f)	asā	عصا
escova (f) para o cabelo	bores-e mu	برس مو
leque (m)	bādbezan	بادبزن
gravata (f)	kerāvāt	کراوات
gravata-borboleta (f)	pāpiyon	پاپیون
suspensórios (m pl)	band šalvār	بند شلوار
lenço (m)	dastmāl	دستمال
pente (m)	šāne	شانه
fivela (f) para cabelo	sanjāq-e mu	سنجاق مو

| grampo (m) | sanjãq-e mu | سنجاق مو |
| fivela (f) | sagak | سگک |

| cinto (m) | kamarband | کمربند |
| alça (f) de ombro | tasme | تسمه |

bolsa (f)	keyf	کیف
bolsa (feminina)	keyf-e zanãne	کیف زنانه
mochila (f)	kule pošti	کوله پشتی

37. Vestuário. Diversos

moda (f)	mod	مد
na moda (adj)	mod	مد
estilista (m)	tarrãh-e lebas	طراح لباس

colarinho (m)	yaqe	یقه
bolso (m)	jib	جیب
de bolso	jibi	جیبی
manga (f)	ãstin	آستین
ganchinho (m)	band-e ãviz	بند آویز
bragueta (f)	zip	زیپ

zíper (m)	zip	زیپ
colchete (m)	sagak	سگک
botão (m)	dokme	دکمه
botoeira (casa de botão)	surãx-e dokme	سوراخ دکمه
soltar-se (vr)	kande šodan	کنده شدن

costurar (vi)	duxtan	دوختن
bordar (vt)	golduzi kardan	گلدوزی کردن
bordado (m)	golduzi	گلدوزی
agulha (f)	suzan	سوزن
fio, linha (f)	nax	نخ
costura (f)	darz	درز

sujar-se (vr)	kasif šodan	کثیف شدن
mancha (f)	lakke	لکه
amarrotar-se (vr)	čoruk šodan	چروک شدن
rasgar (vt)	pãre kardan	پاره کردن
traça (f)	šab parre	شب پره

38. Cuidados pessoais. Cosméticos

pasta (f) de dente	xamir-e dandãn	خمیر دندان
escova (f) de dente	mesvãk	مسواک
escovar os dentes	mesvãk zadan	مسواک زدن

gilete (f)	tiq	تیغ
creme (m) de barbear	kerem-e riš tarãši	کرم ریش تراشی
barbear-se (vr)	riš tarãšidan	ریش تراشیدن
sabonete (m)	sãbun	صابون

xampu (m)	šāmpu	شامپو
tesoura (f)	qeyči	قیچی
lixa (f) de unhas	sohan-e nāxon	سوهان ناخن
corta-unhas (m)	nāxon gir	ناخن گیر
pinça (f)	mučin	موچین
cosméticos (m pl)	lavāzem-e ārāyeši	لوازم آرایشی
máscara (f)	māsk	ماسک
manicure (f)	mānikur	مانیکور
fazer as unhas	mānikur kardan	مانیکور کردن
pedicure (f)	pedikur	پدیکور
bolsa (f) de maquiagem	kife lavāzem-e ārāyeši	کیف لوازم آرایشی
pó (de arroz)	pudr	پودر
pó (m) compacto	ja'be-ye pudr	جعبهٔ پودر
blush (m)	sorxāb	سرخاب
perfume (m)	atr	عطر
água-de-colônia (f)	atr	عطر
loção (f)	losiyon	لوسیون
colônia (f)	odkolon	اودکلن
sombra (f) de olhos	sāye-ye češm	سایه چشم
delineador (m)	medād čašm	مداد چشم
máscara (f), rímel (m)	rimel	ریمل
batom (m)	mātik	ماتیک
esmalte (m)	lāk-e nāxon	لاک ناخن
laquê (m), spray fixador (m)	esperey-ye mu	اسپری مو
desodorante (m)	deodyrant	دئودورانت
creme (m)	kerem	کرم
creme (m) de rosto	kerem-e surat	کرم صورت
creme (m) de mãos	kerem-e dast	کرم دست
creme (m) antirrugas	kerem-e zedd-e čoruk	کرم ضد چروک
creme (m) de dia	kerem-e ruz	کرم روز
creme (m) de noite	kerem-e šab	کرم شب
de dia	ruzāne	روزانه
da noite	šab	شب
absorvente (m) interno	tāmpon	تامپون
papel (m) higiênico	kāqaz-e tuālet	کاغذ توالت
secador (m) de cabelo	sešovār	سشوار

39. Joalheria

joias (f pl)	javāherāt	جواهرات
precioso (adj)	qeymati	قیمتی
marca (f) de contraste	ayār	عیار
anel (m)	angoštar	انگشتر
aliança (f)	halqe	حلقه
pulseira (f)	alangu	النگو
brincos (m pl)	gušvāre	گوشواره

colar (m)	gardan band	گردن بند
coroa (f)	tāj	تاج
colar (m) de contas	gardan band	گردن بند

diamante (m)	almās	الماس
esmeralda (f)	zomorrod	زمرد
rubi (m)	yāqut	یاقوت
safira (f)	yāqut-e kabud	یاقوت کبود
pérola (f)	morvārid	مروارید
âmbar (m)	kahrobā	کهربا

40. Relógios de pulso. Relógios

relógio (m) de pulso	sā'at-e moči	ساعت مچی
mostrador (m)	safhe-ye sā'at	صفحهٔ ساعت
ponteiro (m)	aqrabe	عقربه
bracelete (em aço)	band-e sāat	بند ساعت
bracelete (em couro)	band-e čarmi	بند چرمی

pilha (f)	bātri	باطری
acabar (vi)	tamām šodan bātri	تمام شدن باتری
trocar a pilha	bātri avaz kardan	باطری عوض کردن
estar adiantado	jelo oftādan	جلو افتادن
estar atrasado	aqab māndan	عقب ماندن

relógio (m) de parede	sā'at-e divāri	ساعت دیواری
ampulheta (f)	sā'at-e šeni	ساعت شنی
relógio (m) de sol	sā'at-e āftābi	ساعت آفتابی
despertador (m)	sā'at-e zang dār	ساعت زنگ دار
relojoeiro (m)	sā'at sāz	ساعت ساز
reparar (vt)	ta'mir kardan	تعمیر کردن

Alimentação. Nutrição

41. Comida

carne (f)	gušt	گوشت
galinha (f)	morq	مرغ
frango (m)	juje	جوجه
pato (m)	ordak	اردک
ganso (m)	qāz	غاز
caça (f)	gušt-e šekār	گوشت شکار
peru (m)	gušt-e buqalamun	گوشت بوقلمون
carne (f) de porco	gušt-e xuk	گوشت خوک
carne (f) de vitela	gušt-e gusāle	گوشت گوساله
carne (f) de carneiro	gušt-e gusfand	گوشت گوسفند
carne (f) de vaca	gušt-e gāv	گوشت گاو
carne (f) de coelho	xarguš	خرگوش
linguiça (f), salsichão (m)	kālbās	کالباس
salsicha (f)	sosis	سوسیس
bacon (m)	beykon	بیکن
presunto (m)	žāmbon	ژامبون
pernil (m) de porco	rān xuk	ران خوک
patê (m)	pāte	پاته
fígado (m)	jegar	جگر
guisado (m)	hamberger	همبرگر
língua (f)	zabān	زبان
ovo (m)	toxm-e morq	تخم مرغ
ovos (m pl)	toxm-e morq-ha	تخم مرغ ها
clara (f) de ovo	sefide-ye toxm-e morq	سفیده تخم مرغ
gema (f) de ovo	zarde-ye toxm-e morq	زرده تخم مرغ
peixe (m)	māhi	ماهی
mariscos (m pl)	qazā-ye daryāyi	غذای دریایی
crustáceos (m pl)	saxtpustān	سختپوستان
caviar (m)	xāviār	خاویار
caranguejo (m)	xarčang	خرچنگ
camarão (m)	meygu	میگو
ostra (f)	sadaf-e xorāki	صدف خوراکی
lagosta (f)	xarčang-e xārdār	خرچنگ خاردار
polvo (m)	hašt pā	هشت پا
lula (f)	māhi-ye morakkab	ماهی مرکب
esturjão (m)	māhi-ye xāviār	ماهی خاویار
salmão (m)	māhi-ye salemon	ماهی سالمون
halibute (m)	halibut	هالیبوت
bacalhau (m)	māhi-ye rowqan	ماهی روغن

cavala, sarda (f)	māhi-ye esqumeri	ماهی اسقومری
atum (m)	tan māhi	تن ماهی
enguia (f)	mārmāhi	مارماهی
truta (f)	māhi-ye qezelālā	ماهی قزل آلا
sardinha (f)	sārdin	ساردین
lúcio (m)	ordak māhi	اردک ماهی
arenque (m)	māhi-ye šur	ماهی شور
pão (m)	nān	نان
queijo (m)	panir	پنیر
açúcar (m)	qand	قند
sal (m)	namak	نمک
arroz (m)	berenj	برنج
massas (f pl)	mākāroni	ماکارونی
talharim, miojo (m)	rešte-ye farangi	رشته فرنگی
manteiga (f)	kare	کره
óleo (m) vegetal	rowqan-e nabāti	روغن نباتی
óleo (m) de girassol	rowqan āftābgardān	روغن آفتاب گردان
margarina (f)	mārgārin	مارگارین
azeitonas (f pl)	zeytun	زیتون
azeite (m)	rowqan-e zeytun	روغن زیتون
leite (m)	šir	شیر
leite (m) condensado	šir-e čegāl	شیر چگال
iogurte (m)	mās-at	ماست
creme (m) azedo	xāme-ye torš	خامۀ ترش
creme (m) de leite	saršir	سرشیر
maionese (f)	māyonez	مایونز
creme (m)	xāme	خامه
grãos (m pl) de cereais	hobubāt	حبوبات
farinha (f)	ārd	آرد
enlatados (m pl)	konserv-hā	کنسرو ها
flocos (m pl) de milho	bereštuk	برشتوک
mel (m)	asal	عسل
geleia (m)	morabbā	مربا
chiclete (m)	ādāms	آدامس

42. Bebidas

água (f)	āb	آب
água (f) potável	āb-e āšāmidani	آب آشامیدنی
água (f) mineral	āb-e ma'dani	آب معدنی
sem gás (adj)	bedun-e gāz	بدون گاز
gaseificada (adj)	gāzdār	گازدار
com gás	gāzdār	گازدار
gelo (m)	yax	یخ

com gelo	yax dār	یخ دار
não alcoólico (adj)	bi alkol	بی الکل
refrigerante (m)	nušābe-ye bi alkol	نوشابهٔ بی الکل
refresco (m)	nušābe-ye xonak	نوشابهٔ خنک
limonada (f)	limunād	لیموناد
bebidas (f pl) alcoólicas	mašrubāt-e alkoli	مشروبات الکلی
vinho (m)	šarāb	شراب
vinho (m) branco	šarāb-e sefid	شراب سفید
vinho (m) tinto	šarāb-e sorx	شراب سرخ
licor (m)	likor	لیکور
champanhe (m)	šāmpāyn	شامپاین
vermute (m)	vermut	ورموت
uísque (m)	viski	ویسکی
vodca (f)	vodkā	ودکا
gim (m)	jin	جین
conhaque (m)	konyāk	کنیاک
rum (m)	araq-e neyšekar	عرق نیشکر
café (m)	qahve	قهوه
café (m) preto	qahve-ye talx	قهوهٔ تلخ
café (m) com leite	šir-qahve	شیرقهوه
cappuccino (m)	kāpočino	کاپوچینو
café (m) solúvel	qahve-ye fowri	قهوه فوری
leite (m)	šir	شیر
coquetel (m)	kuktel	کوکتل
batida (f), milkshake (m)	kuktele šir	کوکتل شیر
suco (m)	āb-e mive	آب میوه
suco (m) de tomate	āb-e gowjefarangi	آب گوجه فرنگی
suco (m) de laranja	āb-e porteqāl	آب پرتقال
suco (m) fresco	āb-e mive-ye taze	آب میوهٔ تازه
cerveja (f)	ābejow	آبجو
cerveja (f) clara	ābejow-ye sabok	آبجوی سبک
cerveja (f) preta	ābejow-ye tire	آبجوی تیره
chá (m)	čāy	چای
chá (m) preto	čāy-e siyāh	چای سیاه
chá (m) verde	čāy-e sabz	چای سبز

43. Vegetais

vegetais (m pl)	sabzijāt	سبزیجات
verdura (f)	sabzi	سبزی
tomate (m)	gowje farangi	گوجه فرنگی
pepino (m)	xiyār	خیار
cenoura (f)	havij	هویج
batata (f)	sib zamini	سیب زمینی
cebola (f)	piyāz	پیاز

alho (m)	sir	سیر
couve (f)	kalam	کلم
couve-flor (f)	gol kalam	گل کلم
couve-de-bruxelas (f)	koll-am boruksel	کلم بروکسل
brócolis (m pl)	kalam borokli	کلم بروکلی
beterraba (f)	čoqondar	چغندر
berinjela (f)	bādenjān	بادنجان
abobrinha (f)	kadu sabz	کدو سبز
abóbora (f)	kadu tanbal	کدو تنبل
nabo (m)	šalqam	شلغم
salsa (f)	ja'fari	جعفری
endro, aneto (m)	šavid	شوید
alface (f)	kāhu	کاهو
aipo (m)	karafs	کرفس
aspargo (m)	mārčube	مارچوبه
espinafre (m)	esfenāj	اسفناج
ervilha (f)	noxod	نخود
feijão (~ soja, etc.)	lubiyā	لوبیا
milho (m)	zorrat	ذرت
feijão (m) roxo	lubiyā qermez	لوبیا قرمز
pimentão (m)	felfel	فلفل
rabanete (m)	torobče	تربچه
alcachofra (f)	kangar farangi	کنگرفرنگی

44. Frutos. Nozes

fruta (f)	mive	میوه
maçã (f)	sib	سیب
pera (f)	golābi	گلابی
limão (m)	limu	لیمو
laranja (f)	porteqāl	پرتقال
morango (m)	tut-e farangi	توت فرنگی
tangerina (f)	nārengi	نارنگی
ameixa (f)	ālu	آلو
pêssego (m)	holu	هلو
damasco (m)	zardālu	زردآلو
framboesa (f)	tamešk	تمشک
abacaxi (m)	ānānās	آناناس
banana (f)	mowz	موز
melancia (f)	hendevāne	هندوانه
uva (f)	angur	انگور
ginja (f)	ālbālu	آلبالو
cereja (f)	gilās	گیلاس
melão (m)	xarboze	خربزه
toranja (f)	gerip forut	گریپ فوروت
abacate (m)	āvokādo	اووکادو
mamão (m)	pāpāyā	پاپایا

| manga (f) | anbe | انبه |
| romã (f) | anār | انار |

groselha (f) vermelha	angur-e farangi-ye sorx	انگور فرنگی سرخ
groselha (f) negra	angur-e farangi-ye siyāh	انگور فرنگی سیاه
groselha (f) espinhosa	angur-e farangi	انگور فرنگی
mirtilo (m)	zoqāl axte	زغال اخته
amora (f) silvestre	šāh tut	شاه توت

passa (f)	kešmeš	کشمش
figo (m)	anjir	انجیر
tâmara (f)	xormā	خرما

amendoim (m)	bādām zamin-i	بادام زمینی
amêndoa (f)	bādām	بادام
noz (f)	gerdu	گردو
avelã (f)	fandoq	فندق
coco (m)	nārgil	نارگیل
pistaches (m pl)	peste	پسته

45. Pão. Bolaria

pastelaria (f)	širini jāt	شیرینی جات
pão (m)	nān	نان
biscoito (m), bolacha (f)	biskuit	بیسکوییت

chocolate (m)	šokolāt	شکلات
de chocolate	šokolāti	شکلاتی
bala (f)	āb nabāt	آب نبات
doce (bolo pequeno)	nān-e širini	نان شیرینی
bolo (m) de aniversário	širini	شیرینی

| torta (f) | keyk | کیک |
| recheio (m) | čāšni | چاشنی |

geleia (m)	morabbā	مربا
marmelada (f)	mārmālād	مارمالاد
wafers (m pl)	vāfel	وافل
sorvete (m)	bastani	بستنی
pudim (m)	puding	پودینگ

46. Pratos cozinhados

prato (m)	qazā	غذا
cozinha (~ portuguesa)	qazā	غذا
receita (f)	dastur-e poxt	دستور پخت
porção (f)	pors	پرس

salada (f)	sālād	سالاد
sopa (f)	sup	سوپ
caldo (m)	pāye-ye sup	پایه سوپ
sanduíche (m)	sāndevič	ساندویچ

ovos (m pl) fritos	nimru	نیمرو
hambúrguer (m)	hamberger	همبرگر
bife (m)	esteyk	استیک

acompanhamento (m)	moxallafāt	مخلفات
espaguete (m)	espāgeti	اسپاگتی
purê (m) de batata	pure-ye sibi zamini	پورۀ سیب زمینی
pizza (f)	pitzā	پیتزا
mingau (m)	šurbā	شوربا
omelete (f)	ommol-at	املت

fervido (adj)	āb paz	آب پز
defumado (adj)	dudi	دودی
frito (adj)	sorx šode	سرخ شده
seco (adj)	xošk	خشک
congelado (adj)	yax zade	یخ زده
em conserva (adj)	torši	ترشی

doce (adj)	širin	شیرین
salgado (adj)	šur	شور
frio (adj)	sard	سرد
quente (adj)	dāq	داغ
amargo (adj)	talx	تلخ
gostoso (adj)	xoš mazze	خوش مزه

cozinhar em água fervente	poxtan	پختن
preparar (vt)	poxtan	پختن
fritar (vt)	sorx kardan	سرخ کردن
aquecer (vt)	garm kardan	گرم کردن

salgar (vt)	namak zadan	نمک زدن
apimentar (vt)	felfel pāšidan	فلفل پاشیدن
ralar (vt)	rande kardan	رنده کردن
casca (f)	pust	پوست
descascar (vt)	pust kandan	پوست کندن

47. Especiarias

sal (m)	namak	نمک
salgado (adj)	šur	شور
salgar (vt)	namak zadan	نمک زدن

pimenta-do-reino (f)	felfel-e siyāh	فلفل سیاه
pimenta (f) vermelha	felfel-e sorx	فلفل سرخ
mostarda (f)	xardal	خردل
raiz-forte (f)	torob-e kuhi	ترب کوهی

condimento (m)	adviye	ادویه
especiaria (f)	adviye	ادویه
molho (~ inglês)	ses	سس
vinagre (m)	serke	سرکه

| anis estrelado (m) | rāziyāne | رازیانه |
| manjericão (m) | reyhān | ریحان |

cravo (m)	mixak	میخک
gengibre (m)	zanjefil	زنجفیل
coentro (m)	gešniz	گشنیز
canela (f)	dārčin	دارچین

gergelim (m)	konjed	کنجد
folha (f) de louro	barg-e bu	برگ بو
páprica (f)	paprika	پاپریکا
cominho (m)	zire	زیره
açafrão (m)	za'ferān	زعفران

48. Refeições

| comida (f) | qazā | غذا |
| comer (vt) | xordan | خوردن |

café (m) da manhã	sobhāne	صبحانه
tomar café da manhã	sobhāne xordan	صبحانه خوردن
almoço (m)	nāhār	ناهار
almoçar (vi)	nāhār xordan	ناهار خوردن
jantar (m)	šām	شام
jantar (vi)	šām xordan	شام خوردن

| apetite (m) | eštehā | اشتها |
| Bom apetite! | nuš-e jān | نوش جان |

abrir (~ uma lata, etc.)	bāz kardan	باز کردن
derramar (~ líquido)	rixtan	ریختن
derramar-se (vr)	rixtan	ریختن

ferver (vi)	jušidan	جوشیدن
ferver (vt)	jušāndan	جوشاندن
fervido (adj)	jušide	جوشیده
esfriar (vt)	sard kardan	سرد کردن
esfriar-se (vr)	sard šodan	سرد شدن

| sabor, gosto (m) | maze | مزه |
| fim (m) de boca | maze | مزه |

emagrecer (vi)	lāqar kardan	لاغر کردن
dieta (f)	režim	رژیم
vitamina (f)	vitāmin	ویتامین
caloria (f)	kālori	کالری

| vegetariano (m) | giyāh xār | گیاه خوار |
| vegetariano (adj) | giyāh xāri | گیاه خواری |

gorduras (f pl)	čarbi-hā	چربی ها
proteínas (f pl)	porotein	پروتئین
carboidratos (m pl)	karbohidrāt-hā	کربو هیدرات ها

fatia (~ de limão, etc.)	qet'e	قطعه
pedaço (~ de bolo)	tekke	تکه
migalha (f), farelo (m)	zarre	ذره

49. Por a mesa

colher (f)	qāšoq	قاشق
faca (f)	kārd	کارد
garfo (m)	čangāl	چنگال

xícara (f)	fenjān	فنجان
prato (m)	bošqāb	بشقاب
pires (m)	na'lbeki	نعلبکی
guardanapo (m)	dastmāl	دستمال
palito (m)	xelāl-e dandān	خلال دندان

50. Restaurante

restaurante (m)	resturān	رستوران
cafeteria (f)	kāfe	کافه
bar (m), cervejaria (f)	bār	بار
salão (m) de chá	qahve xāne	قهوه خانه

garçom (m)	pišxedmat	پیشخدمت
garçonete (f)	pišxedmat	پیشخدمت
barman (m)	motesaddi-ye bār	متصدی بار

cardápio (m)	meno	منو
lista (f) de vinhos	kārt-e šarāb	کارت شراب
reservar uma mesa	miz rezerv kardan	میز رزرو کردن

prato (m)	qazā	غذا
pedir (vt)	sefāreš dādan	سفارش دادن
fazer o pedido	sefāreš dādan	سفارش دادن

aperitivo (m)	mašrub-e piš qazā	مشروب پیش غذا
entrada (f)	piš qazā	پیش غذا
sobremesa (f)	deser	دسر

conta (f)	surat hesāb	صورت حساب
pagar a conta	surat-e hesāb rā pardāxtan	صورت حساب را پرداختن
dar o troco	baqiye rā dādan	بقیه را دادن
gorjeta (f)	an'ām	انعام

Família, parentes e amigos

51. Informação pessoal. Formulários

nome (m)	esm	اسم
sobrenome (m)	nām-e xānevādegi	نام خانوادگی
data (f) de nascimento	tārix-e tavallod	تاریخ تولد
local (m) de nascimento	mahall-e tavallod	محل تولد
nacionalidade (f)	melliyat	ملیت
lugar (m) de residência	mahall-e sokunat	محل سکونت
país (m)	kešvar	کشور
profissão (f)	šoql	شغل
sexo (m)	jens	جنس
estatura (f)	qad	قد
peso (m)	vazn	وزن

52. Membros da família. Parentes

mãe (f)	mādar	مادر
pai (m)	pedar	پدر
filho (m)	pesar	پسر
filha (f)	doxtar	دختر
caçula (f)	doxtar-e kučak	دختر کوچک
caçula (m)	pesar-e kučak	پسر کوچک
filha (f) mais velha	doxtar-e bozorg	دختر بزرگ
filho (m) mais velho	pesar-e bozorg	پسر بزرگ
irmão (m)	barādar	برادر
irmão (m) mais velho	barādar-e bozorg	برادر بزرگ
irmão (m) mais novo	barādar-e kučak	برادر کوچک
irmã (f)	xāhar	خواهر
irmã (f) mais velha	xāhar-e bozorg	خواهر بزرگ
irmã (f) mais nova	xāhar-e kučak	خواهر کوچک
primo (m)	pesar 'amu	پسر عمو
prima (f)	doxtar amu	دختر عمو
mamãe (f)	māmān	مامان
papai (m)	bābā	بابا
pais (pl)	vāledeyn	والدین
criança (f)	kudak	کودک
crianças (f pl)	bače-hā	بچه ها
avó (f)	mādarbozorg	مادربزرگ
avô (m)	pedar-bozorg	پدربزرگ

neto (m)	nave	نوه
neta (f)	nave	نوه
netos (pl)	nave-hā	نوه ها

tio (m)	amu	عمو
tia (f)	xāle yā amme	خاله یا عمه
sobrinho (m)	barādar-zāde	برادرزاده
sobrinha (f)	xāhar-zāde	خواهرزاده

sogra (f)	mādarzan	مادرزن
sogro (m)	pedar-šowhar	پدرشوهر
genro (m)	dāmād	داماد
madrasta (f)	nāmādari	نامادری
padrasto (m)	nāpedari	ناپدری

criança (f) de colo	nowzād	نوزاد
bebê (m)	širxār	شیرخوار
menino (m)	pesar-e kučulu	پسر کوچولو

mulher (f)	zan	زن
marido (m)	šowhar	شوهر
esposo (m)	hamsar	همسر
esposa (f)	hamsar	همسر

casado (adj)	mote'ahhel	متاهل
casada (adj)	mote'ahhel	متاهل
solteiro (adj)	mojarrad	مجرد
solteirão (m)	mojarrad	مجرد
divorciado (adj)	talāq gerefte	طلاق گرفته
viúva (f)	bive zan	بیوه زن
viúvo (m)	bive	بیوه

parente (m)	xišāvand	خویشاوند
parente (m) próximo	aqvām-e nazdik	اقوام نزدیک
parente (m) distante	aqvām-e dur	اقوام دور
parentes (m pl)	aqvām	اقوام

órfão (m), órfã (f)	yatim	یتیم
tutor (m)	qayyem	قیم
adotar (um filho)	be pesari gereftan	به پسری گرفتن
adotar (uma filha)	be doxtari gereftan	به دختری گرفتن

53. Amigos. Colegas de trabalho

amigo (m)	dust	دوست
amiga (f)	dust	دوست
amizade (f)	dusti	دوستی
ser amigos	dust budan	دوست بودن

amigo (m)	rafiq	رفیق
amiga (f)	rafiq	رفیق
parceiro (m)	šarik	شریک
chefe (m)	ra'is	رئیس
superior (m)	ra'is	رئیس

proprietário (m)	sāheb	صاحب
subordinado (m)	zirdast	زیردست
colega (m, f)	hamkār	همکار

conhecido (m)	āšnā	آشنا
companheiro (m) de viagem	hamsafar	همسفر
colega (m) de classe	ham kelās	هم کلاس

vizinho (m)	hamsāye	همسایه
vizinha (f)	hamsāye	همسایه
vizinhos (pl)	hamsāye-hā	همسایه ها

54. Homem. Mulher

mulher (f)	zan	زن
menina (f)	doxtar	دختر
noiva (f)	arus	عروس

bonita, bela (adj)	zibā	زیبا
alta (adj)	qad boland	قد بلند
esbelta (adj)	xoš andām	خوش اندام
baixa (adj)	qad kutāh	قد کوتاه

| loira (f) | mu bur | مو بور |
| morena (f) | mu siyāh | مو سیاه |

de senhora	zanāne	زنانه
virgem (f)	bākere	باکره
grávida (adj)	bārdār	باردار

homem (m)	mard	مرد
loiro (m)	mu bur	مو بور
moreno (m)	mu siyāh	مو سیاه
alto (adj)	qad boland	قد بلند
baixo (adj)	qad kutāh	قد کوتاه

rude (adj)	xašen	خشن
atarracado (adj)	tanumand	تنومند
robusto (adj)	tanumand	تنومند
forte (adj)	nirumand	نیرومند
força (f)	niru	نیرو

gordo (adj)	čāq	چاق
moreno (adj)	sabze ru	سبزه رو
esbelto (adj)	xoš andām	خوش اندام
elegante (adj)	barāzande	برازنده

55. Idade

idade (f)	sen	سن
juventude (f)	javāni	جوانی
jovem (adj)	javān	جوان

| mais novo (adj) | kučaktar | کوچکتر |
| mais velho (adj) | bozorgtar | بزرگتر |

jovem (m)	mard-e javān	مرد جوان
adolescente (m)	nowjavān	نوجوان
rapaz (m)	mard	مرد

| velho (m) | pirmard | پیرمرد |
| velha (f) | pirzan | پیرزن |

adulto	bāleq	بالغ
de meia-idade	miyānsāl	میانسال
idoso, de idade (adj)	sālmand	سالمند
velho (adj)	mosen	مسن

aposentadoria (f)	mostamerri	مستمری
aposentar-se (vr)	bāznešaste šodan	بازنشسته شدن
aposentado (m)	bāznešaste	بازنشسته

56. Crianças

criança (f)	kudak	کودک
crianças (f pl)	bače-hā	بچه ها
gêmeos (m pl), gêmeas (f pl)	doqolu	دوقلو

berço (m)	gahvāre	گهواره
chocalho (m)	jeqjeqe	جغجغه
fralda (f)	pušak	پوشک

chupeta (f), bico (m)	pestānak	پستانک
carrinho (m) de bebê	kāleske	کالسکه
jardim (m) de infância	kudakestān	کودکستان
babysitter, babá (f)	parastār bače	پرستار بچه

infância (f)	kudaki	کودکی
boneca (f)	arusak	عروسک
brinquedo (m)	asbāb bāzi	اسباب بازی
jogo (m) de montar	xāne sāzi	خانه سازی

bem-educado (adj)	bā tarbiyat	با تربیت
malcriado (adj)	bi tarbiyat	بی تربیت
mimado (adj)	lus	لوس

ser travesso	šeytanat kardan	شیطنت کردن
travesso, traquinas (adj)	bāziguš	بازیگوش
travessura (f)	šeytāni	شیطانی
criança (f) travessa	šeytān	شیطان

| obediente (adj) | moti' | مطیع |
| desobediente (adj) | sarkeš | سرکش |

dócil (adj)	āqel	عاقل
inteligente (adj)	bāhuš	باهوش
prodígio (m)	kudak nābeqe	کودک نابغه

57. Casais. Vida de família

beijar (vt)	busidan	بوسیدن
beijar-se (vr)	hamdigar rā busidan	همدیگررا بوسیدن
família (f)	xānevāde	خانواده
familiar (vida ~)	xānevādegi	خانوادگی
casal (m)	zoj	زوج
matrimônio (m)	ezdevāj	ازدواج
lar (m)	kāšāne	کاشانه
dinastia (f)	selsele	سلسله
encontro (m)	qarār	قرار
beijo (m)	buse	بوسه
amor (m)	ešq	عشق
amar (pessoa)	dust dāštan	دوست داشتن
amado, querido (adj)	mahbub	محبوب
ternura (f)	mehrbāni	مهربانی
afetuoso (adj)	mehrbān	مهربان
fidelidade (f)	vafā	وفا
fiel (adj)	vafādār	وفادار
cuidado (m)	tavajjoh	توجه
carinhoso (adj)	ba molāheze	با ملاحظه
recém-casados (pl)	tāze ezdevāj karde	تازه ازدواج کرده
lua (f) de mel	māh-e asal	ماه عسل
casar-se (com um homem)	ezdevāj kardan	ازدواج کردن
casar-se (com uma mulher)	ezdevāj kardan	ازدواج کردن
casamento (m)	arusi	عروسی
bodas (f pl) de ouro	panjāhomin sālgard-e arusi	پنجاهمین سالگرد عروسی
aniversário (m)	sālgard	سالگرد
amante (m)	ma'šuq	معشوق
amante (f)	ma'šuqe	معشوقه
adultério (m), traição (f)	xiyānat	خیانت
cometer adultério	xiyānat kardan	خیانت کردن
ciumento (adj)	hasud	حسود
ser ciumento, -a	hasud budan	حسود بودن
divórcio (m)	talāq	طلاق
divorciar-se (vr)	talāq gereftan	طلاق گرفتن
brigar (discutir)	da'vā kardan	دعوا کردن
fazer as pazes	āšti kardan	آشتی کردن
juntos (ir ~)	bāham	باهم
sexo (m)	seks	سکس
felicidade (f)	xošbaxti	خوشبختی
feliz (adj)	xošbaxt	خوشبخت
infelicidade (f)	badbaxti	بدبختی
infeliz (adj)	badbaxt	بدبخت

Caráter. Sentimentos. Emoções

58. Sentimentos. Emoções

sentimento (m)	ehsās	احساس
sentimentos (m pl)	ehsāsat	احساسات
sentir (vt)	ehsās kardan	احساس کردن
fome (f)	gorosnegi	گرسنگی
ter fome	gorosne budan	گرسنه بودن
sede (f)	tešnegi	تشنگی
ter sede	tešne budan	تشنه بودن
sonolência (f)	xāb āludegi	خواب آلودگی
estar sonolento	xābālud budan	خواب آلود بودن
cansaço (m)	xastegi	خستگی
cansado (adj)	xaste	خسته
ficar cansado	xaste šodan	خسته شدن
humor (m)	xolq	خلق
tédio (m)	bi hoselegi	بی حوصلگی
entediar-se (vr)	hosele sar raftan	حوصله سررفتن
reclusão (isolamento)	guše nešini	گوشه نشینی
isolar-se (vr)	guše nešini kardan	گوشه نشینی کردن
preocupar (vt)	negarān kardan	نگران کردن
estar preocupado	negarān šodan	نگران شدن
preocupação (f)	negarāni	نگرانی
ansiedade (f)	negarāni	نگرانی
preocupado (adj)	moztareb	مضطرب
estar nervoso	asabi šodan	عصبی شدن
entrar em pânico	vahšat kardan	وحشت کردن
esperança (f)	omid	امید
esperar (vt)	omid dāštan	امید داشتن
certeza (f)	etminān	اطمینان
certo, seguro de ...	motmaen	مطمئن
indecisão (f)	adam-e etminān	عدم اطمینان
indeciso (adj)	nā motmaen	نا مطمئن
bêbado (adj)	mast	مست
sóbrio (adj)	hošyār	هوشیار
fraco (adj)	za'if	ضعیف
feliz (adj)	xošbaxt	خوشبخت
assustar (vt)	tarsāndan	ترساندن
fúria (f)	qeyz	غیظ
ira, raiva (f)	xašm	خشم
depressão (f)	afsordegi	افسردگی
desconforto (m)	nārāhati	ناراحتی

conforto (m)	āsāyeš	آسایش
arrepender-se (vr)	afsus xordan	افسوس خوردن
arrependimento (m)	afsus	افسوس
azar (m), má sorte (f)	bad šāns-i	بد شانسی
tristeza (f)	delxori	دلخوری
vergonha (f)	šarm	شرم
alegria (f)	šādi	شادی
entusiasmo (m)	eštiyāq	اشتیاق
entusiasta (m)	moštāq	مشتاق
mostrar entusiasmo	eštiyāq dāštan	اشتیاق داشتن

59. Caráter. Personalidade

caráter (m)	šaxsiyat	شخصیت
falha (f) de caráter	naqs	نقص
mente, razão (f)	aql	عقل
consciência (f)	vejdān	وجدان
hábito, costume (m)	ādat	عادت
habilidade (f)	este'dād	استعداد
saber (~ nadar, etc.)	tavānestan	توانستن
paciente (adj)	bā howsele	با حوصله
impaciente (adj)	bi hosele	بی حوصله
curioso (adj)	konjkāv	کنجکاو
curiosidade (f)	konjkāvi	کنجکاوی
modéstia (f)	forutani	فروتنی
modesto (adj)	forutan	فروتن
imodesto (adj)	gostāx	گستاخ
preguiça (f)	tanbali	تنبلی
preguiçoso (adj)	tanbal	تنبل
preguiçoso (m)	tanbal	تنبل
astúcia (f)	mokāri	مکاری
astuto (adj)	makkār	مکار
desconfiança (f)	bad gomāni	بد گمانی
desconfiado (adj)	bad gomān	بد گمان
generosidade (f)	sexāvat	سخاوت
generoso (adj)	ba sexāvat	با سخاوت
talentoso (adj)	bā este'dād	با استعداد
talento (m)	este'dād	استعداد
corajoso (adj)	šojā'	شجاع
coragem (f)	šojā'at	شجاعت
honesto (adj)	sādeq	صادق
honestidade (f)	sedāqat	صداقت
prudente, cuidadoso (adj)	bā ehtiyāt	با احتیاط
valoroso (adj)	bi bāk	بی باک
sério (adj)	jeddi	جدی

severo (adj)	saxt gir	سخت گیر
decidido (adj)	mosammam	مصمم
indeciso (adj)	do del	دو دل
tímido (adj)	xejālati	خجالتی
timidez (f)	xejālat	خجالت
confiança (f)	e'temād	اعتماد
confiar (vt)	bāvar kardan	باور کردن
crédulo (adj)	zud bāvar	زود باور
sinceramente	sādeqāne	صادقانه
sincero (adj)	sādeq	صادق
sinceridade (f)	sedāqat	صداقت
aberto (adj)	sarih	صریح
calmo (adj)	ārām	آرام
franco (adj)	rok	رک
ingênuo (adj)	sāde lowh	ساده لوح
distraído (adj)	sar be havā	سربه هوا
engraçado (adj)	xande dār	خنده دار
ganância (f)	hers	حرص
ganancioso (adj)	haris	حریص
avarento, sovina (adj)	xasis	خسیس
mal (adj)	badjens	بدجنس
teimoso (adj)	lajuj	لجوج
desagradável (adj)	nāxošāyand	ناخوشایند
egoísta (m)	xodxāh	خودخواه
egoísta (adj)	xodxāhi	خودخواهی
covarde (m)	tarsu	ترسو
covarde (adj)	tarsu	ترسو

60. O sono. Sonhos

dormir (vi)	xābidan	خوابیدن
sono (m)	xāb	خواب
sonho (m)	royā	رویا
sonhar (ver sonhos)	xāb didan	خواب دیدن
sonolento (adj)	xāb ālud	خواب آلود
cama (f)	taxt-e xāb	تخت خواب
colchão (m)	tošak	تشک
cobertor (m)	patu	پتو
travesseiro (m)	bālešt	بالشت
lençol (m)	malāfe	ملافه
insônia (f)	bi-xābi	بیخوابی
sem sono (adj)	bi xāb	بی خواب
sonífero (m)	xāb āvar	خواب آور
tomar um sonífero	xābāvar xordan	خواب آور خوردن
estar sonolento	xābālud budan	خواب آلود بودن
bocejar (vi)	xamyāze kešidan	خمیازه کشیدن

ir para a cama	be raxtexāb raftan	به رختخواب رفتن
fazer a cama	raxtexāb-e pahn kardan	رختخواب پهن کردن
adormecer (vi)	xābidan	خوابیدن
pesadelo (m)	kābus	کابوس
ronco (m)	xoropof	خروپف
roncar (vi)	xoropof kardan	خروپف کردن
despertador (m)	sā'at-e zang dār	ساعت زنگ دار
acordar, despertar (vt)	bidār kardan	بیدار کردن
acordar (vi)	bidār šodan	بیدار شدن
levantar-se (vr)	boland šodan	بلند شدن
lavar-se (vr)	dast-o ru šostan	دست و روشستن

61. Humor. Riso. Alegria

humor (m)	šuxi	شوخی
senso (m) de humor	šux ta'bi	شوخ طبعی
divertir-se (vr)	šādi kardan	شادی کردن
alegre (adj)	šād	شاد
diversão (f)	šādi	شادی
sorriso (m)	labxand	لبخند
sorrir (vi)	labxand zadan	لبخند زدن
começar a rir	xandidan	خندیدن
rir (vi)	xandidan	خندیدن
riso (m)	xande	خنده
anedota (f)	latife	لطیفه
engraçado (adj)	xande dār	خنده دار
ridículo, cômico (adj)	xande dār	خنده دار
brincar (vi)	šuxi kardan	شوخی کردن
piada (f)	šuxi	شوخی
alegria (f)	šādi	شادی
regozijar-se (vr)	xošhāl šodan	خوشحال شدن
alegre (adj)	xošhāl	خوشحال

62. Discussão, conversação. Parte 1

comunicação (f)	ertebāt	ارتباط
comunicar-se (vr)	ertebāt dāštan	ارتباط داشتن
conversa (f)	mokāleme	مکالمه
diálogo (m)	goftogu	گفتگو
discussão (f)	mobāhese	مباحثه
debate (m)	mošājere	مشاجره
debater (vt)	mošājere kardan	مشاجره کردن
interlocutor (m)	ham soxan	هم سخن
tema (m)	mowzu'	موضوع
ponto (m) de vista	noqte nazar	نقطه نظر

opinião (f)	nazar	نظر
discurso (m)	soxanrāni	سخنرانی
discussão (f)	mozākere	مذاکره
discutir (vt)	bahs kardan	بحث کردن
conversa (f)	goftogu	گفتگو
conversar (vi)	goftogu kardan	گفتگو کردن
reunião (f)	didār	دیدار
encontrar-se (vr)	molāqāt kardan	ملاقات کردن
provérbio (m)	zarb-ol-masal	ضرب المثل
ditado, provérbio (m)	zarb-ol-masal	ضرب المثل
adivinha (f)	mo'ammā	معما
dizer uma adivinha	mo'ammā matrah kardan	معما مطرح کردن
senha (f)	ramz	رمز
segredo (m)	rāz	راز
juramento (m)	sowgand	سوگند
jurar (vi)	sowgand xordan	سوگند خوردن
promessa (f)	va'de	وعده
prometer (vt)	qowl dādan	قول دادن
conselho (m)	nasihat	نصیحت
aconselhar (vt)	nasihat kardan	نصیحت کردن
seguir o conselho	nasihat-e kasi rā donbāl kardan	نصیحت کسی را دنبال کردن
escutar (~ os conselhos)	guš kardan	گوش کردن
novidade, notícia (f)	xabar	خبر
sensação (f)	hayajān	هیجان
informação (f)	ettelā'āt	اطلاعات
conclusão (f)	natije	نتیجه
voz (f)	sedā	صدا
elogio (m)	ta'rif	تعریف
amável, querido (adj)	bā mohabbat	با محبت
palavra (f)	kalame	کلمه
frase (f)	ebārat	عبارت
resposta (f)	javāb	جواب
verdade (f)	haqiqat	حقیقت
mentira (f)	doruq	دروغ
pensamento (m)	fekr	فکر
ideia (f)	fekr	فکر
fantasia (f)	fāntezi	فانتزی

63. Discussão, conversação. Parte 2

estimado, respeitado (adj)	mohtaram	محترم
respeitar (vt)	ehterām gozāštan	احترام گذاشتن
respeito (m)	ehterām	احترام
Estimado ..., Caro ...	gerāmi	گرامی
apresentar (alguém a alguém)	mo'arrefi kardan	معرفی کردن

conhecer (vt)	āšnā šodan	آشنا شدن
intenção (f)	qasd	قصد
tencionar (~ fazer algo)	qasd dāštan	قصد داشتن
desejo (de boa sorte)	ārezu	آرزو
desejar (ex. ~ boa sorte)	ārezu kardan	آرزو کردن
surpresa (f)	ta'ajjob	تعجب
surpreender (vt)	mote'ajjeb kardan	متعجب کردن
surpreender-se (vr)	mote'ajjeb šodan	متعجب شدن
dar (vt)	dādan	دادن
pegar (tomar)	bardāštan	برداشتن
devolver (vt)	bargardāndan	برگرداندن
retornar (vt)	pas dādan	پس دادن
desculpar-se (vr)	ozr xāstan	عذر خواستن
desculpa (f)	ozr xāhi	عذر خواهی
perdoar (vt)	baxšidan	بخشیدن
falar (vi)	harf zadan	حرف زدن
escutar (vt)	guš dādan	گوش دادن
ouvir até o fim	xub guš dādan	خوب گوش دادن
entender (compreender)	fahmidan	فهمیدن
mostrar (vt)	nešān dādan	نشان دادن
olhar para ...	negāh kardan	نگاه کردن
chamar (alguém para ...)	sedā kardan	صدا کردن
perturbar, distrair (vt)	mozāhem šodan	مزاحم شدن
perturbar (vt)	mozāhem šodan	مزاحم شدن
entregar (~ em mãos)	dādan	دادن
pedido (m)	xāheš	خواهش
pedir (ex. ~ ajuda)	xāheš kardan	خواهش کردن
exigência (f)	taqāzā	تقاضا
exigir (vt)	darxāst kardan	درخواست کردن
insultar (chamar nomes)	dast endāxtan	دست انداختن
zombar (vt)	masxare kardan	مسخره کردن
zombaria (f)	masxare	مسخره
alcunha (f), apelido (m)	laqab	لقب
insinuação (f)	kenāye	کنایه
insinuar (vt)	kenāye zadan	کنایه زدن
querer dizer	ma'ni dāštan	معنی داشتن
descrição (f)	towsif	توصیف
descrever (vt)	towsif kardan	توصیف کردن
elogio (m)	tahsin	تحسین
elogiar (vt)	tahsin kardan	تحسین کردن
desapontamento (m)	nāomidi	ناامیدی
desapontar (vt)	nāomid kardan	ناامید کردن
desapontar-se (vr)	nāomid šodan	ناامید شدن
suposição (f)	farz	فرض
supor (vt)	farz kardan	فرض کردن

| advertência (f) | extãr | اخطار |
| advertir (vt) | extãr dãdan | اخطار دادن |

64. Discussão, conversação. Parte 3

| convencer (vt) | rãzi kardan | راضی کردن |
| acalmar (vt) | ãrãm kardan | آرام کردن |

silêncio (o ~ é de ouro)	sokut	سکوت
ficar em silêncio	sãket mãndan	ساکت ماندن
sussurrar (vt)	najvã kardan	نجوا کردن
sussurro (m)	najvã	نجوا

| francamente | sãdeqãne | صادقانه |
| na minha opinião ... | be nazar-e man | به نظرمن |

detalhe (~ da história)	joz'iyãt	جزئیات
detalhado (adj)	mofassal	مفصل
detalhadamente	be tafsil	به تفصیل

| dica (f) | sarnax | سرنخ |
| dar uma dica | sarnax dãdan | سرنخ دادن |

olhar (m)	nazar	نظر
dar uma olhada	nazar andãxtan	نظر انداختن
fixo (olhada ~a)	bi harekat	بی حرکت
piscar (vi)	pelk zadan	پلک زدن
piscar (vt)	češmak zadan	چشمک زدن
acenar com a cabeça	sar-e tekãn dãdan	سر تکان دادن

suspiro (m)	ãh	آه
suspirar (vi)	ãh kešidan	آه کشیدن
estremecer (vi)	larzidan	لرزیدن
gesto (m)	žest	ژست
tocar (com as mãos)	lams kardan	لمس کردن
agarrar (~ pelo braço)	gereftan	گرفتن
bater de leve	zadan	زدن

Cuidado!	movãzeb bãš!	مواظب باش!
Sério?	vãqe'an?	واقعاً؟
Tem certeza?	motmaenn-i?	مطمئنی؟
Boa sorte!	movaffaq bãšid!	موفق باشید!
Entendi!	albate!	البته!
Que pena!	heyf!	حیف!

65. Acordo. Recusa

consentimento (~ mútuo)	movãfeqat	موافقت
consentir (vi)	movãfeqat kardan	موافقت کردن
aprovação (f)	ta'id	تایید
aprovar (vt)	ta'id kardan	تایید کردن
recusa (f)	emtenã'	امتناع

negar-se a ...	rad kardan	رد کردن
Ótimo!	āli	عالی
Tudo bem!	xub	خوب
Está bem! De acordo!	besyār xob!	بسیار خوب!

proibido (adj)	mamnuʻ	ممنوع
é proibido	mamnuʻ ast	ممنوع است
é impossível	qeyr-e momken ast	غیر ممکن است
incorreto (adj)	nādorost	نادرست

rejeitar (~ um pedido)	rad kardan	رد کردن
apoiar (vt)	poštibāni kardan	پشتیبانی کردن
aceitar (desculpas, etc.)	qabul kardan	قبول کردن

confirmar (vt)	taʻyid kardan	تأیید کردن
confirmação (f)	taʻyid	تأیید
permissão (f)	ejāze	اجازه
permitir (vt)	ejāze dādan	اجازه دادن
decisão (f)	tasmim	تصمیم
não dizer nada	sokut kardan	سکوت کردن

condição (com uma ~)	šart	شرط
pretexto (m)	bahāne	بهانه
elogio (m)	tahsin	تحسین
elogiar (vt)	tahsin kardan	تحسین کردن

66. Sucesso. Boa sorte. Insucesso

êxito, sucesso (m)	movaffaqiyat	موفقیت
com êxito	bā movaffaqiyat	با موفقیت
bem sucedido (adj)	movaffaqiyat āmiz	موفقیت آمیز

sorte (fortuna)	šāns	شانس
Boa sorte!	movaffaq bāšid!	موفق باشید!
de sorte	šāns	شانس
sortudo, felizardo (adj)	xoš šāns	خوش شانس

fracasso (m)	nākāmi	ناکامی
pouca sorte (f)	bad šāns-i	بد شانسی
azar (m), má sorte (f)	bad šāns-i	بد شانسی

mal sucedido (adj)	nā movaffaq	نا موفق
catástrofe (f)	fājeʻe	فاجعه

orgulho (m)	eftexār	افتخار
orgulhoso (adj)	maqrur	مغرور
estar orgulhoso, -a	eftexār kardan	افتخارکردن

vencedor (m)	barande	برنده
vencer (vi, vt)	piruz šodan	پیروز شدن
perder (vt)	bāxtan	باختن
tentativa (f)	talāš	تلاش
tentar (vt)	talāš kardan	تلاش کردن
chance (m)	šāns	شانس

67. Conflitos. Emoções negativas

grito (m)	faryād	فریاد
gritar (vi)	faryād zadan	فریاد زدن
começar a gritar	faryād zadan	فریاد زدن
discussão (f)	da'vā	دعوا
brigar (discutir)	da'vā kardan	دعوا کردن
escândalo (m)	mošājere	مشاجره
criar escândalo	janjāl kardan	جنجال کردن
conflito (m)	dargiri	درگیری
mal-entendido (m)	su'-e tafāhom	سوء تفاهم
insulto (m)	towhin	توهین
insultar (vt)	towhin kardan	توهین کردن
insultado (adj)	towhin šode	توهین شده
ofensa (f)	ranješ	رنجش
ofender (vt)	ranjāndan	رنجاندن
ofender-se (vr)	ranjidan	رنجیدن
indignação (f)	xašm	خشم
indignar-se (vr)	xašmgin šodan	خشمگین شدن
queixa (f)	šekāyat	شکایت
queixar-se (vr)	šekāyat kardan	شکایت کردن
desculpa (f)	ozr xāhi	عذر خواهی
desculpar-se (vr)	ozr xāstan	عذر خواستن
pedir perdão	ozr xāstan	عذر خواستن
crítica (f)	enteqād	انتقاد
criticar (vt)	enteqād kardan	انتقاد کردن
acusação (f)	ettehām	اتهام
acusar (vt)	mottaham kardan	متهم کردن
vingança (f)	enteqām	انتقام
vingar (vt)	enteqām gereftan	انتقام گرفتن
vingar-se de	talāfi darāvardan	تلافی درآوردن
desprezo (m)	tahqir	تحقیر
desprezar (vt)	tahqir kardan	تحقیر کردن
ódio (m)	nefrat	نفرت
odiar (vt)	motenaffer budan	متنفر بودن
nervoso (adj)	asabi	عصبی
estar nervoso	asabi šodan	عصبی شدن
zangado (adj)	xašmgin	خشمگین
zangar (vt)	xašmgin kardan	خشمگین کردن
humilhação (f)	tahqir	تحقیر
humilhar (vt)	tahqir kardan	تحقیر کردن
humilhar-se (vr)	tahqir šodan	تحقیر شدن
choque (m)	šok	شوک
chocar (vt)	šokke kardan	شوکه کردن
aborrecimento (m)	moškel	مشکل

desagradável (adj)	nāxošāyand	ناخوشایند
medo (m)	tars	ترس
terrível (tempestade, etc.)	eftezāh	افتضاح
assustador (ex. história ~a)	vahšatnāk	وحشتناک
horror (m)	vahšat	وحشت
horrível (crime, etc.)	vahšat āvar	وحشت آور
começar a tremer	larzidan	لرزیدن
chorar (vi)	gerye kardan	گریه کردن
começar a chorar	gerye sar dādan	گریه سر دادن
lágrima (f)	ašk	اشک
falta (f)	taqsir	تقصیر
culpa (f)	gonāh	گناه
desonra (f)	ār	عار
protesto (m)	e'terāz	اعتراض
estresse (m)	fešār	فشار
perturbar (vt)	mozāhem šodan	مزاحم شدن
zangar-se com ...	xašmgin budan	خشمگین بودن
zangado (irritado)	xašmgin	خشمگین
terminar (vt)	qat' kardan	قطع کردن
praguejar	fohš dādan	فحش دادن
assustar-se	tarsidan	ترسیدن
golpear (vt)	zadan	زدن
brigar (na rua, etc.)	zad-o-xord kardan	زد و خورد کردن
resolver (o conflito)	hal-o-fasl kardan	حل و فصل کردن
descontente (adj)	nārāzi	ناراضی
furioso (adj)	qazabnāk	غضبناک
Não está bem!	xub nist!	خوب نیست!
É ruim!	bad ast!	بد است!

Medicina

68. Doenças

doença (f)	bimāri	بیماری
estar doente	bimār budan	بیمار بودن
saúde (f)	salāmati	سلامتی

nariz (m) escorrendo	āb-e rizeš-e bini	آب ریزش بینی
amigdalite (f)	varam-e lowze	ورم لوزه
resfriado (m)	sarmā xordegi	سرما خوردگی
ficar resfriado	sarmā xordan	سرما خوردن

bronquite (f)	boronšit	برنشیت
pneumonia (f)	zātorrie	ذات الریه
gripe (f)	ānfolānzā	آنفولانزا

míope (adj)	nazdik bin	نزدیک بین
presbita (adj)	durbin	دوربین
estrabismo (m)	enherāf-e čašm	انحراف چشم
estrábico, vesgo (adj)	luč	لوچ
catarata (f)	āb morvārid	آب مروارید
glaucoma (m)	ab-e siyāh	آب سیاه

AVC (m), apoplexia (f)	sekte-ye maqzi	سکته مغزی
ataque (m) cardíaco	sekte-ye qalbi	سکته قلبی
enfarte (m) do miocárdio	ānfārktus	آنفارکتوس
paralisia (f)	falaji	فلجی
paralisar (vt)	falj kardan	فلج کردن

alergia (f)	ālerži	آلرژی
asma (f)	āsm	آسم
diabetes (f)	diyābet	دیابت

| dor (f) de dente | dandān-e dard | دندان درد |
| cárie (f) | pusidegi | پوسیدگی |

diarreia (f)	eshāl	اسهال
prisão (f) de ventre	yobusat	یبوست
desarranjo (m) intestinal	nārāhati-ye me'de	ناراحتی معده
intoxicação (f) alimentar	masmumiyat	مسمومیت
intoxicar-se	masmum šodan	مسموم شدن

artrite (f)	varam-e mafāsel	ورم مفاصل
raquitismo (m)	rāšitism	راشیتیسم
reumatismo (m)	romātism	روماتیسم
arteriosclerose (f)	tasallob-e šarāin	تصلب شرائین

| gastrite (f) | varam-e me'de | ورم معده |
| apendicite (f) | āpāndisit | آپاندیسیت |

| colecistite (f) | eltehāb-e kise-ye safrā | التهاب كيسه صفرا |
| úlcera (f) | zaxm | زخم |

sarampo (m)	sorxak	سرخك
rubéola (f)	sorxje	سرخجه
icterícia (f)	yaraqān	يرقان
hepatite (f)	hepātit	هپاتيت

esquizofrenia (f)	šizoferni	شيزوفرنى
raiva (f)	hāri	هارى
neurose (f)	extelāl-e aʿsāb	اختلال اعصاب
contusão (f) cerebral	zarbe-ye maqzi	ضربه مغزى

câncer (m)	saratān	سرطان
esclerose (f)	eskeleroz	اسكلروز
esclerose (f) múltipla	eskeleroz čandgāne	اسكلروز چندگانه

alcoolismo (m)	alkolism	الكليسم
alcoólico (m)	alkoli	الكلى
sífilis (f)	siflis	سيفليس
AIDS (f)	eydz	ايدز

tumor (m)	tumor	تومور
maligno (adj)	bad xim	بد خيم
benigno (adj)	xoš xim	خوش خيم

febre (f)	tab	تب
malária (f)	mālāriyā	مالاريا
gangrena (f)	qānqāriyā	قانقاريا
enjoo (m)	daryā-zadegi	دريازدگى
epilepsia (f)	sarʿ	صرع

epidemia (f)	epidemi	اپيدمى
tifo (m)	hasbe	حصبه
tuberculose (f)	sel	سل
cólera (f)	vabā	وبا
peste (f) bubônica	tāʿun	طاعون

69. Sintomas. Tratamentos. Parte 1

sintoma (m)	alāem-e bimāri	علائم بيمارى
temperatura (f)	damā	دما
febre (f)	tab	تب
pulso (m)	nabz	نبض

vertigem (f)	sargije	سرگيجه
quente (testa, etc.)	dāq	داغ
calafrio (m)	raʿše	رعشه
pálido (adj)	rang paride	رنگ پريده

tosse (f)	sorfe	سرفه
tossir (vi)	sorfe kardan	سرفه كردن
espirrar (vi)	atse kardan	عطسه كردن
desmaio (m)	qaš	غش

desmaiar (vi)	qaš kardan	غش کردن
mancha (f) preta	kabudi	کبودی
galo (m)	barāmadegi	برآمدگی
machucar-se (vr)	barxord kardan	برخورد کردن
contusão (f)	kuftegi	کوفتگی
machucar-se (vr)	zarb didan	ضرب دیدن
mancar (vi)	langidan	لنگیدن
deslocamento (f)	dar raftegi	دررفتگی
deslocar (vt)	dar raftan	دررفتن
fratura (f)	šekastegi	شکستگی
fraturar (vt)	dočār-e šekastegi šodan	دچار شکستگی شدن
corte (m)	boridegi	بریدگی
cortar-se (vr)	boridan	بریدن
hemorragia (f)	xunrizi	خونریزی
queimadura (f)	suxtegi	سوختگی
queimar-se (vr)	dočār-e suxtegi šodan	دچار سوختگی شدن
picar (vt)	surāx kardan	سوراخ کردن
picar-se (vr)	surāx kardan	سوراخ کردن
lesionar (vt)	āsib resāndan	آسیب رساندن
lesão (m)	zaxm	زخم
ferida (f), ferimento (m)	zaxm	زخم
trauma (m)	zarbe	ضربه
delirar (vi)	hazyān goftan	هذیان گفتن
gaguejar (vi)	loknat dāštan	لکنت داشتن
insolação (f)	āftāb-zadegi	آفتاب‌زدگی

70. Sintomas. Tratamentos. Parte 2

dor (f)	dard	درد
farpa (no dedo, etc.)	xār	خار
suor (m)	araq	عرق
suar (vi)	araq kardan	عرق کردن
vômito (m)	estefrāq	استفراغ
convulsões (f pl)	tašannoj	تشنج
grávida (adj)	bārdār	باردار
nascer (vi)	motevalled šodan	متولد شدن
parto (m)	vazʿ-e haml	وضع حمل
dar à luz	be donyā āvardan	به دنیا آوردن
aborto (m)	seqt-e janin	سقط جنین
respiração (f)	tanaffos	تنفس
inspiração (f)	estenšāq	استنشاق
expiração (f)	bāzdam	بازدم
expirar (vi)	bāzdamidan	بازدمیدن
inspirar (vi)	nafas kešidan	نفس کشیدن
inválido (m)	maʿlul	معلول
aleijado (m)	falaj	فلج

drogado (m)	mo'tād	معتاد
surdo (adj)	kar	کر
mudo (adj)	lāl	لال
surdo-mudo (adj)	kar-o lāl	کر و لال
louco, insano (adj)	divāne	دیوانه
louco (m)	divāne	دیوانه
louca (f)	divāne	دیوانه
ficar louco	divāne šodan	دیوانه شدن
gene (m)	žen	ژن
imunidade (f)	masuniyat	مصونیت
hereditário (adj)	mowrusi	موروثی
congênito (adj)	mādarzād	مادرزاد
vírus (m)	virus	ویروس
micróbio (m)	mikrob	میکروب
bactéria (f)	bākteri	باکتری
infecção (f)	ofunat	عفونت

71. Sintomas. Tratamentos. Parte 3

hospital (m)	bimārestān	بیمارستان
paciente (m)	bimār	بیمار
diagnóstico (m)	tašxis	تشخیص
cura (f)	mo'āleje	معالجه
tratamento (m) médico	darmān	درمان
curar-se (vr)	darmān šodan	درمان شدن
tratar (vt)	mo'āleje kardan	معالجه کردن
cuidar (pessoa)	parastāri kardan	پرستاری کردن
cuidado (m)	parastāri	پرستاری
operação (f)	amal-e jarrāhi	عمل جراحی
enfaixar (vt)	pānsemān kardan	پانسمان کردن
enfaixamento (m)	pānsemān	پانسمان
vacinação (f)	vāksināsyon	واکسیناسیون
vacinar (vt)	vāksine kardan	واکسینه کردن
injeção (f)	tazriq	تزریق
dar uma injeção	tazriq kardan	تزریق کردن
ataque (~ de asma, etc.)	hamle	حمله
amputação (f)	qat'-e ozv	قطع عضو
amputar (vt)	qat' kardan	قطع کردن
coma (f)	komā	کما
estar em coma	dar komā budan	در کما بودن
reanimação (f)	morāqebat-e viže	مراقبت ویژه
recuperar-se (vr)	behbud yāftan	بهبود یافتن
estado (~ de saúde)	hālat	حالت
consciência (perder a ~)	huš	هوش
memória (f)	hāfeze	حافظه
tirar (vt)	dandān kešidan	دندان کشیدن

obturação (f)	por kardan	پر کردن
obturar (vt)	por kardan	پر کردن
hipnose (f)	hipnotizm	هیپنوتیزم
hipnotizar (vt)	hipnotizm kardan	هیپنوتیزم کردن

72. Médicos

médico (m)	pezešk	پزشک
enfermeira (f)	parastār	پرستار
médico (m) pessoal	pezešk-e šaxsi	پزشک شخصی
dentista (m)	dandān pezešk	دندان پزشک
oculista (m)	češm-pezešk	چشم پزشک
terapeuta (m)	pezešk omumi	پزشک عمومی
cirurgião (m)	jarrāh	جراح
psiquiatra (m)	ravānpezešk	روانپزشک
pediatra (m)	pezešk-e kudakān	پزشک کودکان
psicólogo (m)	ravānšenās	روانشناس
ginecologista (m)	motexasses-e zanān	متخصص زنان
cardiologista (m)	motexasses-e qalb	متخصص قلب

73. Medicina. Drogas. Acessórios

medicamento (m)	dāru	دارو
remédio (m)	darmān	درمان
receitar (vt)	tajviz kardan	تجویز کردن
receita (f)	nosxe	نسخه
comprimido (m)	qors	قرص
unguento (m)	pomād	پماد
ampola (f)	āmpul	آمپول
solução, preparado (m)	šarbat	شربت
xarope (m)	šarbat	شربت
cápsula (f)	kapsul	کپسول
pó (m)	pudr	پودر
atadura (f)	bānd	باند
algodão (m)	panbe	پنبه
iodo (m)	yod	ید
curativo (m) adesivo	časb-e zaxm	چسب زخم
conta-gotas (m)	qatre čekān	قطره چکان
termômetro (m)	damāsanj	دماسنج
seringa (f)	sorang	سرنگ
cadeira (f) de rodas	vilčer	ویلچر
muletas (f pl)	čub zir baqal	چوب زیر بغل
analgésico (m)	mosaken	مسکن
laxante (m)	moshel	مسهل

álcool (m)	alkol	الکل
ervas (f pl) medicinais	giyāhān-e dāruyi	گیاهان دارویی
de ervas (chá ~)	giyāhi	گیاهی

74. Fumar. Produtos tabágicos

tabaco (m)	tutun	توتون
cigarro (m)	sigār	سیگار
charuto (m)	sigār	سیگار
cachimbo (m)	pip	پیپ
maço (~ de cigarros)	baste	بسته
fósforos (m pl)	kebrit	کبریت
caixa (f) de fósforos	quti-ye kebrit	قوطی کبریت
isqueiro (m)	fandak	فندک
cinzeiro (m)	zir-sigāri	زیرسیگاری
cigarreira (f)	quti-ye sigār	قوطی سیگار
piteira (f)	čub-e sigār	چوب سیگار
filtro (m)	filter	فیلتر
fumar (vi, vt)	sigār kešidan	سیگار کشیدن
acender um cigarro	sigār rowšan kardan	سیگار روشن کردن
tabagismo (m)	sigār kešidan	سیگار کشیدن
fumante (m)	sigāri	سیگاری
bituca (f)	tah-e sigār	ته سیگار
fumaça (f)	dud	دود
cinza (f)	xākestar	خاکستر

HABITAT HUMANO

Cidade

75. Cidade. Vida na cidade

cidade (f)	šahr	شهر
capital (f)	pāytaxt	پایتخت
aldeia (f)	rustā	روستا
mapa (m) da cidade	naqše-ye šahr	نقشهٔ شهر
centro (m) da cidade	markaz-e šahr	مرکز شهر
subúrbio (m)	hume-ye šahr	حومهٔ شهر
suburbano (adj)	hume-ye šahr	حومهٔ شهر
periferia (f)	hume	حومه
arredores (m pl)	hume	حومه
quarteirão (m)	mahalle	محله
quarteirão (m) residencial	mahalle-ye maskuni	محلهٔ مسکونی
tráfego (m)	obur-o morur	عبور و مرور
semáforo (m)	čerāq-e rāhnamā	چراغ راهنما
transporte (m) público	haml-o naql-e šahri	حمل و نقل شهری
cruzamento (m)	čahārrāh	چهارراه
faixa (f)	xatt-e āber-e piyāde	خط عابرپیاده
túnel (m) subterrâneo	zir-e gozar	زیر گذر
cruzar, atravessar (vt)	obur kardan	عبور کردن
pedestre (m)	piyāde	پیاده
calçada (f)	piyāde row	پیاده رو
ponte (f)	pol	پل
margem (f) do rio	xiyābān-e sāheli	خیابان ساحلی
fonte (f)	češme	چشمه
alameda (f)	bāq rāh	باغ راه
parque (m)	pārk	پارک
bulevar (m)	bolvār	بولوار
praça (f)	meydān	میدان
avenida (f)	xiyābān	خیابان
rua (f)	xiyābān	خیابان
travessa (f)	kuče	کوچه
beco (m) sem saída	bon bast	بن بست
casa (f)	xāne	خانه
edifício, prédio (m)	sāxtemān	ساختمان
arranha-céu (m)	āsemānxarāš	آسمانخراش
fachada (f)	namā	نما
telhado (m)	bām	بام

janela (f)	panjere	پنجره
arco (m)	tāq-e qowsi	طاق قوسی
coluna (f)	sotun	ستون
esquina (f)	nabš	نبش

vitrine (f)	vitrin	ویترین
letreiro (m)	tāblo	تابلو
cartaz (do filme, etc.)	poster	پوستر
cartaz (m) publicitário	poster-e tabliqāti	پوستر تبلیغاتی
painel (m) publicitário	bilbord	بیلبورد

lixo (m)	āšqāl	آشغال
lata (f) de lixo	satl-e āšqāl	سطل آشغال
jogar lixo na rua	kasif kardan	کثیف کردن
aterro (m) sanitário	jā-ye dafn-e āšqāl	جای دفن آشغال

orelhão (m)	kābin-e telefon	کابین تلفن
poste (m) de luz	tir-e barq	تیر برق
banco (m)	nimkat	نیمکت

polícia (m)	polis	پلیس
polícia (instituição)	polis	پلیس
mendigo, pedinte (m)	gedā	گدا
desabrigado (m)	bi xānomān	بی خانمان

76. Instituições urbanas

loja (f)	maqāze	مغازه
drogaria (f)	dāruxāne	داروخانه
ótica (f)	eynak foruši	عینک فروشی
centro (m) comercial	markaz-e tejāri	مرکز تجاری
supermercado (m)	supermārket	سوپرمارکت

padaria (f)	nānvāyi	نانوایی
padeiro (m)	nānvā	نانوا
pastelaria (f)	qannādi	قنادی
mercearia (f)	baqqāli	بقالی
açougue (m)	gušt foruši	گوشت فروشی

fruteira (f)	sabzi foruši	سبزی فروشی
mercado (m)	bāzār	بازار

cafeteria (f)	kāfe	کافه
restaurante (m)	resturān	رستوران
bar (m)	bār	بار
pizzaria (f)	pitzā-foruši	پیتزا فروشی

salão (m) de cabeleireiro	ārāyešgāh	آرایشگاه
agência (f) dos correios	post	پست
lavanderia (f)	xošk-šuyi	خشک‌شویی
estúdio (m) fotográfico	ātolye-ye akkāsi	آتلیۀ عکاسی

sapataria (f)	kafš foruši	کفش فروشی
livraria (f)	ketāb-foruši	کتاب فروشی

loja (f) de artigos esportivos	maqāze-ye varzeši	مغازهٔ ورزشی
costureira (m)	ta'mir-e lebās	تعمیر لباس
aluguel (m) de roupa	kerāye-ye lebās	کرایهٔ لباس
videolocadora (f)	kerāye-ye film	کرایهٔ فیلم

circo (m)	sirak	سیرک
jardim (m) zoológico	bāq-e vahš	باغ وحش
cinema (m)	sinamā	سینما
museu (m)	muze	موزه
biblioteca (f)	ketābxāne	کتابخانه

teatro (m)	teātr	تئاتر
ópera (f)	operā	اپرا
boate (casa noturna)	kābāre	کاباره
cassino (m)	kāzino	کازینو

mesquita (f)	masjed	مسجد
sinagoga (f)	kenešt	کنشت
catedral (f)	kelisā-ye jāme'	کلیسای جامع
templo (m)	ma'bad	معبد
igreja (f)	kelisā	کلیسا

faculdade (f)	anistito	انستیتو
universidade (f)	dānešgāh	دانشگاه
escola (f)	madrese	مدرسه

prefeitura (f)	ostāndāri	استانداری
câmara (f) municipal	šahrdāri	شهرداری
hotel (m)	hotel	هتل
banco (m)	bānk	بانک

embaixada (f)	sefārat	سفارت
agência (f) de viagens	āžāns-e jahāngardi	آژانس جهانگردی
agência (f) de informações	daftar-e ettelāāt	دفتر اطلاعات
casa (f) de câmbio	sarrāfi	صرافی

metrô (m)	metro	مترو
hospital (m)	bimārestān	بیمارستان

posto (m) de gasolina	pomp-e benzin	پمپ بنزین
parque (m) de estacionamento	pārking	پارکینگ

77. Transportes urbanos

ônibus (m)	otobus	اتوبوس
bonde (m) elétrico	terāmvā	تراموا
trólebus (m)	otobus-e barqi	اتوبوس برقی
rota (f), itinerário (m)	xat	خط
número (m)	šomāre	شماره

ir de ... (carro, etc.)	raftan bā	رفتن با
entrar no ...	savār šodan	سوار شدن
descer do ...	piyāde šodan	پیاده شدن
parada (f)	istgāh-e otobus	ایستگاه اتوبوس

próxima parada (f)	istgāh-e ba'di	ایستگاه بعدی
terminal (m)	istgāh-e āxar	ایستگاه آخر
horário (m)	barnāme	برنامه
esperar (vt)	montazer budan	منتظر بودن

| passagem (f) | belit | بلیط |
| tarifa (f) | qeymat-e belit | قیمت بلیت |

bilheteiro (m)	sanduqdār	صندوقدار
controle (m) de passagens	kontorol-e belit	کنترل بلیط
revisor (m)	kontorol či	کنترل چی

atrasar-se (vr)	ta'xir dāštan	تأخیرداشتن
perder (o autocarro, etc.)	az dast dādan	از دست دادن
estar com pressa	ajale kardan	عجله کردن

táxi (m)	tāksi	تاکسی
taxista (m)	rānande-ye tāksi	راننده تاکسی
de táxi (ir ~)	bā tāksi	با تاکسی
ponto (m) de táxis	istgāh-e tāksi	ایستگاه تاکسی
chamar um táxi	tāksi gereftan	تاکسی گرفتن
pegar um táxi	tāksi gereftan	تاکسی گرفتن

tráfego (m)	obur-o morur	عبور و مرور
engarrafamento (m)	terāfik	ترافیک
horas (f pl) de pico	sā'at-e šoluqi	ساعت شلوغی
estacionar (vi)	pārk kardan	پارک کردن
estacionar (vt)	pārk kardan	پارک کردن
parque (m) de estacionamento	pārking	پارکینگ

metrô (m)	metro	مترو
estação (f)	istgāh	ایستگاه
ir de metrô	bā metro raftan	با مترو رفتن
trem (m)	qatār	قطار
estação (f) de trem	istgāh-e rāh-e āhan	ایستگاه راه آهن

78. Turismo

monumento (m)	mojassame	مجسمه
fortaleza (f)	qal'e	قلعه
palácio (m)	kāx	کاخ
castelo (m)	qal'e	قلعه
torre (f)	borj	برج
mausoléu (m)	ārāmgāh	آرامگاه

arquitetura (f)	me'māri	معماری
medieval (adj)	qorun-e vasati	قرون وسطی
antigo (adj)	qadimi	قدیمی
nacional (adj)	melli	ملی
famoso, conhecido (adj)	mašhur	مشهور

turista (m)	turist	توریست
guia (pessoa)	rāhnamā-ye tur	راهنمای تور
excursão (f)	gardeš	گردش

| mostrar (vt) | nešãn dãdan | نشان دادن |
| contar (vt) | hekãyat kardan | حکایت کردن |

encontrar (vt)	peydã kardan	پیدا کردن
perder-se (vr)	gom šodan	گم شدن
mapa (~ do metrô)	naqše	نقشه
mapa (~ da cidade)	naqše	نقشه

lembrança (f), presente (m)	sowqãti	سوغاتی
loja (f) de presentes	forušgãh-e sowqãti	فروشگاه سوغاتی
tirar fotos, fotografar	aks gereftan	عکس گرفتن
fotografar-se (vr)	aks gereftan	عکس گرفتن

79. Compras

comprar (vt)	xarid kardan	خرید کردن
compra (f)	xarid	خرید
fazer compras	xarid kardan	خرید کردن
compras (f pl)	xarid	خرید

| estar aberta (loja) | bãz budan | باز بودن |
| estar fechada | baste budan | بسته بودن |

calçado (m)	kafš	کفش
roupa (f)	lebãs	لباس
cosméticos (m pl)	lavãzem-e ãrãyeši	لوازم آرایشی
alimentos (m pl)	mavãdd-e qazãyi	مواد غذایی
presente (m)	hedye	هدیه

| vendedor (m) | forušande | فروشنده |
| vendedora (f) | forušande-ye zan | فروشنده زن |

caixa (f)	sanduq	صندوق
espelho (m)	ãyene	آینه
balcão (m)	pišxãn	پیشخوان
provador (m)	otãq porov	اتاق پرو

provar (vt)	emtehãn kardan	امتحان کردن
servir (roupa, caber)	monãseb budan	مناسب بودن
gostar (apreciar)	dust dãštan	دوست داشتن

preço (m)	qeymat	قیمت
etiqueta (f) de preço	barčasb-e qeymat	برچسب قیمت
custar (vt)	qeymat dãštan	قیمت داشتن
Quanto?	čeqadr?	چقدر؟
desconto (m)	taxfif	تخفیف

não caro (adj)	arzãn	ارزان
barato (adj)	arzãn	ارزان
caro (adj)	gerãn	گران
É caro	gerãn ast	گران است

| aluguel (m) | kerãye | کرایه |
| alugar (roupas, etc.) | kerãye kardan | کرایه کردن |

| crédito (m) | vām | وام |
| a crédito | xarid-e e'tebāri | خرید اعتباری |

80. Dinheiro

dinheiro (m)	pul	پول
câmbio (m)	tabdil-e arz	تبدیل ارز
taxa (f) de câmbio	nerx-e arz	نرخ ارز
caixa (m) eletrônico	xodpardāz	خودپرداز
moeda (f)	sekke	سکه

| dólar (m) | dolār | دلار |
| euro (m) | yuro | یورو |

lira (f)	lire	لیره
marco (m)	mārk	مارک
franco (m)	farānak	فرانک
libra (f) esterlina	pond-e esterling	پوند استرلینگ
iene (m)	yen	ین

dívida (f)	qarz	قرض
devedor (m)	bedehkār	بدهکار
emprestar (vt)	qarz dādan	قرض دادن
pedir emprestado	qarz gereftan	قرض گرفتن

banco (m)	bānk	بانک
conta (f)	hesāb-e bānki	حساب بانکی
depositar (vt)	rixtan	ریختن
depositar na conta	be hesāb rixtan	به حساب ریختن
sacar (vt)	az hesāb bardāštan	از حساب برداشتن

cartão (m) de crédito	kārt-e e'tebāri	کارت اعتباری
dinheiro (m) vivo	pul-e naqd	پول نقد
cheque (m)	ček	چک
passar um cheque	ček neveštan	چک نوشتن
talão (m) de cheques	daste-ye ček	دسته چک

carteira (f)	kif-e pul	کیف پول
niqueleira (f)	kif-e pul	کیف پول
cofre (m)	gāvsanduq	گاوصندوق

herdeiro (m)	vāres	وارث
herança (f)	mirās	میراث
fortuna (riqueza)	dārāyi	دارایی

arrendamento (m)	ejāre	اجاره
aluguel (pagar o ~)	kerāye-ye xāne	کرایۀ خانه
alugar (vt)	ejāre kardan	اجاره کردن

preço (m)	qeymat	قیمت
custo (m)	arzeš	ارزش
soma (f)	jam'-e kol	جمع کل
gastar (vt)	xarj kardan	خرج کردن
gastos (m pl)	maxārej	مخارج

| economizar (vi) | sarfeju-yi kardan | صرفه جویی کردن |
| econômico (adj) | maqrun besarfe | مقرون به صرفه |

pagar (vt)	pardāxtan	پرداختن
pagamento (m)	pardāxt	پرداخت
troco (m)	pul-e xerad	پول خرد

imposto (m)	māliyāt	مالیات
multa (f)	jarime	جریمه
multar (vt)	jarime kardan	جریمه کردن

81. Correios. Serviço postal

agência (f) dos correios	post	پست
correio (m)	post	پست
carteiro (m)	nāme resān	نامه رسان
horário (m)	sā'athā-ye kāri	ساعت های کاری

carta (f)	nāme	نامه
carta (f) registada	nāme-ye sefāreši	نامه سفارشی
cartão (m) postal	kārt-e postāl	کارت پستال
telegrama (m)	telegrām	تلگرام
encomenda (f)	baste posti	بسته پستی
transferência (f) de dinheiro	havāle	حواله

receber (vt)	gereftan	گرفتن
enviar (vt)	ferestādan	فرستادن
envio (m)	ersāl	ارسال

endereço (m)	nešāni	نشانی
código (m) postal	kod-e posti	کد پستی
remetente (m)	ferestande	فرستنده
destinatário (m)	girande	گیرنده

| nome (m) | esm | اسم |
| sobrenome (m) | nām-e xānevādegi | نام خانوادگی |

tarifa (f)	ta'refe	تعرفه
ordinário (adj)	ādi	عادی
econômico (adj)	ādi	عادی

peso (m)	vazn	وزن
pesar (estabelecer o peso)	vazn kardan	وزن کردن
envelope (m)	pākat	پاکت
selo (m) postal	tambr	تمبر
colar o selo	tamr zadan	تمبر زدن

Moradia. Casa. Lar

82. Casa. Habitação

casa (f)	xāne	خانه
em casa	dar xāne	در خانه
pátio (m), quintal (f)	hayāt	حياط
cerca, grade (f)	hesār	حصار
tijolo (m)	ājor	آجر
de tijolos	ājori	آجرى
pedra (f)	sang	سنگ
de pedra	sangi	سنگى
concreto (m)	boton	بتن
concreto (adj)	botoni	بتنى
novo (adj)	jadid	جديد
velho (adj)	qadimi	قديمى
decrépito (adj)	maxrube	مخروبه
moderno (adj)	modern	مدرن
de vários andares	čandtabaqe	چندطبقه
alto (adj)	boland	بلند
andar (m)	tabaqe	طبقه
de um andar	yek tabaqe	يک طبقه
térreo (m)	tabaqe-ye pāin	طبقة پائين
andar (m) de cima	tabaqe-ye bālā	طبقة بالا
telhado (m)	bām	بام
chaminé (f)	dudkeš	دودكش
telha (f)	saqf-e kazeb	سقف كاذب
de telha	sofāli	سفالى
sótão (m)	zir-širvāni	زيرشيروانى
janela (f)	panjere	پنجره
vidro (m)	šiše	شيشه
parapeito (m)	tāqče-ye panjare	طاقچة پنجره
persianas (f pl)	kerkere	كركره
parede (f)	divār	ديوار
varanda (f)	bālkon	بالكن
calha (f)	nāvdān	ناودان
em cima	bālā	بالا
subir (vi)	bālā raftan	بالا رفتن
descer (vi)	pāyin āmadan	پايين آمدن
mudar-se (vr)	asbābkeši kardan	اسباب كشى كردن

83. Casa. Entrada. Elevador

entrada (f)	darb-e vorudi	درب ورودی
escada (f)	pellekān	پلکان
degraus (m pl)	pelle-hā	پله ها
corrimão (m)	narde	نرده
hall (m) de entrada	lābi	لابی
caixa (f) de correio	sanduq-e post	صندوق پست
lata (f) do lixo	zobāle dān	زباله دان
calha (f) de lixo	šuting zobale	شوتینگ زباله
elevador (m)	āsānsor	آسانسور
elevador (m) de carga	bālābar	بالابر
cabine (f)	kābin-e āsānsor	کابین آسانسور
pegar o elevador	āsānsor gereftan	آسانسور گرفتن
apartamento (m)	āpārtemān	آپارتمان
residentes (pl)	sākenān	ساکنان
vizinho (m)	hamsāye	همسایه
vizinha (f)	hamsāye	همسایه
vizinhos (pl)	hamsāye-hā	همسایه ها

84. Casa. Portas. Fechaduras

porta (f)	darb	درب
portão (m)	darvāze	دروازه
maçaneta (f)	dastgire-ye dar	دستگیرهٔ در
destrancar (vt)	bāz kardan	باز کردن
abrir (vt)	bāz kardan	باز کردن
fechar (vt)	bastan	بستن
chave (f)	kelid	کلید
molho (m)	daste	دسته
ranger (vi)	qežqež kardan	غژغژ کردن
rangido (m)	qež qež	غژ غژ
dobradiça (f)	lowlā	لولا
capacho (m)	pādari	پادری
fechadura (f)	qofl	قفل
buraco (m) da fechadura	surāx kelid	سوراخ کلید
barra (f)	kolun-e dar	کلون در
fecho (ferrolho pequeno)	čeft	چفت
cadeado (m)	qofl	قفل
tocar (vt)	zang zadan	زنگ زدن
toque (m)	zang	زنگ
campainha (f)	zang-e dar	زنگ در
botão (m)	zang	زنگ
batida (f)	dar zadan	درزدن
bater (vi)	dar zadan	درزدن
código (m)	kod	کد
fechadura (f) de código	qofl-e ramz dār	قفل رمز دار

interfone (m)	āyfon	آیفون
número (m)	pelāk-e manzel	پلاک منزل
placa (f) de porta	pelāk	پلاک
olho (m) mágico	češmi	چشمی

85. Casa de campo

aldeia (f)	rustā	روستا
horta (f)	jāliz	جالیز
cerca (f)	parčin	پرچین
cerca (f) de piquete	hesār	حصار
portão (f) do jardim	darvāze	دروازه
celeiro (m)	anbār	انبار
adega (f)	zirzamin	زیرزمین
galpão, barracão (m)	ālonak	آلونک
poço (m)	čāh	چاه
fogão (m)	boxāri	بخاری
atiçar o fogo	rowšan kardan-e boxāri	روشن کردن بخاری
lenha (carvão ou ~)	hizom	هیزم
acha, lenha (f)	kande-ye čub	کندة چوب
varanda (f)	eyvān-e sarpušide	ایوان سرپوشیده
alpendre (m)	terās	تراس
degraus (m pl) de entrada	vorudi-e xāne	ورودی خانه
balanço (m)	tāb	تاب

86. Castelo. Palácio

castelo (m)	qal'e	قلعه
palácio (m)	kāx	کاخ
fortaleza (f)	qal'e	قلعه
muralha (f)	divār	دیوار
torre (f)	borj	برج
calabouço (m)	borj-e asli	برج اصلی
grade (f) levadiça	darb-e kešowyi	درب کشویی
passagem (f) subterrânea	rāh-e zirzamini	راه زیرزمینی
fosso (m)	xandaq	خندق
corrente, cadeia (f)	zanjir	زنجیر
seteira (f)	mazqal	مزغل
magnífico (adj)	mojallal	مجلل
majestoso (adj)	bāšokuh	باشکوه
inexpugnável (adj)	nofoz nāpazir	نفوذ ناپذیر
medieval (adj)	qorun-e vasati	قرون وسطی

87. Apartamento

apartamento (m)	āpārtemān	آپارتمان
quarto, cômodo (m)	otāq	اتاق
quarto (m) de dormir	otāq-e xāb	اتاق خواب
sala (f) de jantar	otāq-e qazāxori	اتاق غذاخوری
sala (f) de estar	mehmānxāne	مهمانخانه
escritório (m)	daftar	دفتر
sala (f) de entrada	tālār-e vorudi	تالار ورودی
banheiro (m)	hammām	حمام
lavabo (m)	tuālet	توالت
teto (m)	saqf	سقف
chão, piso (m)	kaf	کف
canto (m)	guše	گوشه

88. Apartamento. Limpeza

arrumar, limpar (vt)	tamiz kardan	تمیز کردن
guardar (no armário, etc.)	morattab kardan	مرتب کردن
pó (m)	gard	گرد
empoeirado (adj)	gard ālud	گرد آلود
tirar o pó	gardgiri kardan	گردگیری کردن
aspirador (m)	jāru barqi	جارو برقی
aspirar (vt)	jāru barq-i kešidan	جارو برقی کشیدن
varrer (vt)	jāru kardan	جارو کردن
sujeira (f)	āšqāl	آشغال
arrumação, ordem (f)	nazm	نظم
desordem (f)	bi nazmi	بی نظمی
esfregão (m)	jāru-ye dastedār	جاروی دسته دار
pano (m), trapo (m)	kohne	کهنه
vassoura (f)	jārub	جاروب
pá (f) de lixo	xāk andāz	خاک انداز

89. Mobiliário. Interior

mobiliário (m)	mobl	مبل
mesa (f)	miz	میز
cadeira (f)	sandali	صندلی
cama (f)	taxt-e xāb	تخت خواب
sofá, divã (m)	kānāpe	کاناپه
poltrona (f)	mobl-e rāhati	مبل راحتی
estante (f)	qafase-ye ketāb	قفسه کتاب
prateleira (f)	qafase	قفسه
guarda-roupas (m)	komod	کمد
cabide (m) de parede	raxt āviz	رخت آویز

cabideiro (m) de pé	čub lebāsi	چوب لباسی
cômoda (f)	komod	کمد
mesinha (f) de centro	miz-e pišdasti	میز پیشدستی

espelho (m)	āyene	آینه
tapete (m)	farš	فرش
tapete (m) pequeno	qāliče	قالیچه

lareira (f)	šumine	شومینه
vela (f)	šamʿ	شمع
castiçal (m)	šamʿdān	شمعدان

cortinas (f pl)	parde	پرده
papel (m) de parede	kāqaz-e divāri	کاغذ دیواری
persianas (f pl)	kerkere	کرکره

luminária (f) de mesa	čerāq-e rumizi	چراغ رومیزی
luminária (f) de parede	čerāq-e divāri	چراغ دیواری
abajur (m) de pé	ābāžur	آباژور
lustre (m)	luster	لوستر

pé (de mesa, etc.)	pāye	پایه
braço, descanso (m)	daste-ye sandali	دستهٔ صندلی
costas (f pl)	pošti	پشتی
gaveta (f)	kešow	کشو

90. Quarto de dormir

roupa (f) de cama	raxt-e xāb	رخت خواب
travesseiro (m)	bālešt	بالشت
fronha (f)	rubalešt	روبالشت
cobertor (m)	patu	پتو
lençol (m)	malāfe	ملافه
colcha (f)	rutaxti	روتختی

91. Cozinha

cozinha (f)	āšpazxāne	آشپزخانه
gás (m)	gāz	گاز
fogão (m) a gás	ojāgh-e gāz	اجاق گاز
fogão (m) elétrico	ojāgh-e barghi	اجاق برقی
forno (m)	fer	فر
forno (m) de micro-ondas	māykrofer	مایکروفر

geladeira (f)	yaxčāl	یخچال
congelador (m)	fereyzer	فریزر
máquina (f) de lavar louça	māšin-e zarfšuyi	ماشین ظرفشویی

moedor (m) de carne	čarx-e gušt	چرخ گوشت
espremedor (m)	ābmive giri	آبمیوه گیری
torradeira (f)	towster	توستر
batedeira (f)	maxlut kon	مخلوط کن

máquina (f) de café	qahve sãz	قهوه ساز
cafeteira (f)	qahve juš	قهوه جوش
moedor (m) de café	āsiyāb-e qahve	آسیاب قهوه
chaleira (f)	ketri	کتری
bule (m)	quri	قوری
tampa (f)	sarpuš	سرپوش
coador (m) de chá	čāy sãf kon	چای صاف کن
colher (f)	qāšoq	قاشق
colher (f) de chá	qāšoq čāy xori	قاشق چای خوری
colher (f) de sopa	qāšoq sup xori	قاشق سوپ خوری
garfo (m)	čangāl	چنگال
faca (f)	kārd	کارد
louça (f)	zoruf	ظروف
prato (m)	bošqāb	بشقاب
pires (m)	na'lbeki	نعلبکی
cálice (m)	gilās-e vodkā	گیلاس ودکا
copo (m)	estekān	استکان
xícara (f)	fenjān	فنجان
açucareiro (m)	qandān	قندان
saleiro (m)	namakdān	نمکدان
pimenteiro (m)	felfeldān	فلفلدان
manteigueira (f)	zarf-e kare	ظرف کره
panela (f)	qāblame	قابلمه
frigideira (f)	tābe	تابه
concha (f)	malāqe	ملاقه
coador (m)	ābkeš	آبکش
bandeja (f)	sini	سینی
garrafa (f)	botri	بطری
pote (m) de vidro	šiše	شیشه
lata (~ de cerveja)	quti	قوطی
abridor (m) de garrafa	dar bāz kon	در بازکن
abridor (m) de latas	dar bāz kon	در بازکن
saca-rolhas (m)	dar bāz kon	در بازکن
filtro (m)	filter	فیلتر
filtrar (vt)	filter kardan	فیلتر کردن
lixo (m)	āšqāl	آشغال
lixeira (f)	satl-e zobāle	سطل زباله

92. Casa de banho

banheiro (m)	hammām	حمام
água (f)	āb	آب
torneira (f)	šir	شیر
água (f) quente	āb-e dāq	آب داغ
água (f) fria	āb-e sard	آب سرد

pasta (f) de dente	xamir-e dandān	خمیر دندان
escovar os dentes	mesvāk zadan	مسواک زدن
escova (f) de dente	mesvāk	مسواک
barbear-se (vr)	riš tarāšidan	ریش تراشیدن
espuma (f) de barbear	xamir-e eslāh	خمیر اصلاح
gilete (f)	tiq	تیغ
lavar (vt)	šostan	شستن
tomar banho	hamām kardan	حمام کردن
chuveiro (m), ducha (f)	duš	دوش
tomar uma ducha	duš gereftan	دوش گرفتن
banheira (f)	vān hammām	وان حمام
vaso (m) sanitário	tuālet-e farangi	توالت فرنگی
pia (f)	sink	سینک
sabonete (m)	sābun	صابون
saboneteira (f)	jā sābun	جا صابون
esponja (f)	abr	ابر
xampu (m)	šāmpu	شامپو
toalha (f)	howle	حوله
roupão (m) de banho	howle-ye hamām	حوله حمام
lavagem (f)	raxčuyi	لباسشویی
lavadora (f) de roupas	māšin-e lebas-šui	ماشین لباسشویی
lavar a roupa	šostan-e lebās	شستن لباس
detergente (m)	pudr-e lebas-šui	پودر لباسشویی

93. Eletrodomésticos

televisor (m)	televiziyon	تلویزیون
gravador (m)	zabt-e sowt	ضبط صوت
videogravador (m)	video	ویدئو
rádio (m)	rādiyo	رادیو
leitor (m)	paxš konande	پخش کننده
projetor (m)	video porožektor	ویدئو پروژکتور
cinema (m) em casa	sinamā-ye xānegi	سینمای خانگی
DVD Player (m)	paxš konande-ye di vi di	پخش کننده دی وی دی
amplificador (m)	āmpli-fāyer	آمپلی فایر
console (f) de jogos	konsul-e bāzi	کنسول بازی
câmera (f) de vídeo	durbin-e filmbardāri	دوربین فیلمبرداری
máquina (f) fotográfica	durbin-e akkāsi	دوربین عکاسی
câmera (f) digital	durbin-e dijitāl	دوربین دیجیتال
aspirador (m)	jāru barqi	جارو برقی
ferro (m) de passar	oto	اتو
tábua (f) de passar	miz-e otu	میز اتو
telefone (m)	telefon	تلفن
celular (m)	telefon-e hamrāh	تلفن همراه

| máquina (f) de escrever | mãšin-e tahrir | ماشین تحریر |
| máquina (f) de costura | čarx-e xayyãti | چرخ خیاطی |

microfone (m)	mikrofon	میکروفون
fone (m) de ouvido	guši	گوشی
controle remoto (m)	kontorol az rãh-e dur	کنترل از راه دور

CD (m)	si-di	سیدی
fita (f) cassete	kãst	کاست
disco (m) de vinil	safhe-ye gerãmãfon	صفحه گرامافون

94. Reparações. Renovação

renovação (f)	ta'mir	تعمیر
renovar (vt), fazer obras	ta'mir kardan	تعمیر کردن
reparar (vt)	ta'mir kardan	تعمیر کردن
consertar (vt)	morattab kardan	مرتب کردن
refazer (vt)	dobãre anjãm dãdan	دوباره انجام دادن

tinta (f)	rang	رنگ
pintar (vt)	rang kardan	رنگ کردن
pintor (m)	naqqãš	نقاش
pincel (m)	qalam mu	قلم مو

| cal (f) | sefid kãri | سفید کاری |
| caiar (vt) | sefid kãri kardan | سفید کاری کردن |

papel (m) de parede	kãqaz-e divãri	کاغذ دیواری
colocar papel de parede	kãqaz-e divãri kardan	کاغذ دیواری کردن
verniz (m)	lãk	لاک
envernizar (vt)	lãk zadan	لاک زدن

95. Canalizações

água (f)	ãb	آب
água (f) quente	ãb-e dãq	آب داغ
água (f) fria	ãb-e sard	آب سرد
torneira (f)	šir	شیر

gota (f)	qatre	قطره
gotejar (vi)	čakidan	چکیدن
vazar (vt)	našt kardan	نشت کردن
vazamento (m)	našt	نشت
poça (f)	čãle	چاله

tubo (m)	lule	لوله
válvula (f)	šir-e falake	شیر فلکه
entupir-se (vr)	masdud šodan	مسدود شدن

ferramentas (f pl)	abzãr	ابزار
chave (f) inglesa	ãčãr-e farãnse	آچار فرانسه
desenroscar (vt)	bãz kardan	باز کردن

enroscar (vt)	pič kardan	پیچ کردن
desentupir (vt)	lule bāz kardan	لوله باز کردن
encanador (m)	lule keš	لوله کش
porão (m)	zirzamin	زیرزمین
rede (f) de esgotos	fāzelāb	فاضلاب

96. Fogo. Deflagração

incêndio (m)	ātaš suzi	آتش سوزی
chama (f)	šoʻle	شعله
faísca (f)	jaraqqe	جرقه
fumaça (f)	dud	دود
tocha (f)	mašʻal	مشعل
fogueira (f)	ātaš	آتش

gasolina (f)	benzin	بنزین
querosene (m)	naft-e sefid	نفت سفید
inflamável (adj)	sutani	سوختنی
explosivo (adj)	mavādd-e monfajere	مواد منفجره
PROIBIDO FUMAR!	sigār kešidan mamnuʼ	سیگار کشیدن ممنوع

segurança (f)	amniyat	امنیت
perigo (m)	xatar	خطر
perigoso (adj)	xatarnāk	خطرناک

incendiar-se (vr)	ātaš gereftan	آتش گرفتن
explosão (f)	enfejār	انفجار
incendiar (vt)	ātaš zadan	آتش زدن
incendiário (m)	ātaš afruz	آتش افروز
incêndio (m) criminoso	ātaš zadan-e amdi	آتش زدن عمدی

flamejar (vi)	šoʼlevar budan	شعله ور بودن
queimar (vi)	suxtan	سوختن
queimar tudo (vi)	suxtan	سوختن

chamar os bombeiros	ātaš-e nešāni rā xabar kardan	آتش نشانی را خبر کردن
bombeiro (m)	ātaš nešān	آتش نشان
caminhão (m) de bombeiros	māšin-e ātašnešāni	ماشین آتش نشانی
corpo (m) de bombeiros	tim-e ātašnešāni	تیم آتش نشانی
escada (f) extensível	nardebān-e ātašnešāni	نردبان آتش نشانی

mangueira (f)	šelang-e ātaš-nešāni	شلنگ آتش نشانی
extintor (m)	kapsul-e ātašnešāni	کپسول آتش نشانی
capacete (m)	kolāh-e imeni	کلاه ایمنی
sirene (f)	āžir-e xatar	آژیر خطر

gritar (vi)	faryād zadan	فریاد زدن
chamar por socorro	be komak talabidan	به کمک طلبیدن
socorrista (m)	nejāt-e dahande	نجات دهنده
salvar, resgatar (vt)	najāt dādan	نجات دادن

| chegar (vi) | residan | رسیدن |
| apagar (vt) | xāmuš kardan | خاموش کردن |

água (f)	āb	آب
areia (f)	šen	شن
ruínas (f pl)	xarābe	خرابه
ruir (vi)	foru rixtan	فرو ریختن
desmoronar (vi)	rizeš kardan	ریزش کردن
desabar (vi)	foru rixtan	فرو ریختن
fragmento (m)	qet'e	قطعه
cinza (f)	xākestar	خاکستر
sufocar (vi)	xafe šodan	خفه شدن
perecer (vi)	košte šodan	کشته شدن

ATIVIDADES HUMANAS

Emprego. Negócios. Parte 1

97. Banca

banco (m)	bānk	بانک
balcão (f)	šoʻbe	شعبه
consultor (m) bancário	mošāver	مشاور
gerente (m)	modir	مدیر
conta (f)	hesāb-e bānki	حساب بانکی
número (m) da conta	šomāre-ye hesāb	شمارة حساب
conta (f) corrente	hesāb-e jāri	حساب جاری
conta (f) poupança	hesāb-e pasandāz	حساب پس انداز
abrir uma conta	hesāb-e bāz kardan	حساب باز کردن
fechar uma conta	hesāb rā bastan	حساب را بستن
depositar na conta	be hesāb rixtan	به حساب ریختن
sacar (vt)	az hesāb bardāštan	از حساب برداشتن
depósito (m)	seporde	سپرده
fazer um depósito	seporde gozāštan	سپرده گذاشتن
transferência (f) bancária	enteqāl	انتقال
transferir (vt)	enteqāl dādan	انتقال دادن
soma (f)	jamʻ-e kol	جمع کل
Quanto?	čeqadr?	چقدر؟
assinatura (f)	emzā'	امضاء
assinar (vt)	emzā kardan	امضا کردن
cartão (m) de crédito	kārt-e eʻtebāri	کارت اعتباری
senha (f)	kod	کد
número (m) do cartão de crédito	šomāre-ye kārt-e eʻtebāri	شماره کارت اعتباری
caixa (m) eletrônico	xodpardāz	خودپرداز
cheque (m)	ček	چک
passar um cheque	ček neveštan	چک نوشتن
talão (m) de cheques	daste-ye ček	دسته چک
empréstimo (m)	eʻtebār	اعتبار
pedir um empréstimo	darxāst-e vam kardan	درخواست وام کردن
obter empréstimo	vām gereftan	وام گرفتن
dar um empréstimo	vām dādan	وام دادن
garantia (f)	zemānat	ضمانت

98. Telefone. Conversação telefônica

telefone (m)	telefon	تلفن
celular (m)	telefon-e hamrāh	تلفن همراه
secretária (f) eletrônica	monši-ye telefoni	منشی تلفنی
fazer uma chamada	telefon zadan	تلفن زدن
chamada (f)	tamās-e telefoni	تماس تلفنی
discar um número	šomāre gereftan	شماره گرفتن
Alô!	alo!	الو!
perguntar (vt)	porsidan	پرسیدن
responder (vt)	javāb dādan	جواب دادن
ouvir (vt)	šenidan	شنیدن
bem	xub	خوب
mal	bad	بد
ruído (m)	sedā	صدا
fone (m)	guši	گوشی
pegar o telefone	guši rā bar dāštan	گوشی را برداشتن
desligar (vi)	guši rā gozāštan	گوشی را گذاشتن
ocupado (adj)	mašqul	مشغول
tocar (vi)	zang zadan	زنگ زدن
lista (f) telefônica	daftar-e telefon	دفتر تلفن
local (adj)	mahalli	محلی
chamada (f) local	telefon-e dāxeli	تلفن داخلی
de longa distância	beyn-e šahri	بین شهری
chamada (f) de longa distância	telefon-e beyn-e šahri	تلفن بین شهری
internacional (adj)	beynolmelali	بین المللی
chamada (f) internacional	telefon-e beynolmelali	تلفن بین المللی

99. Telefone móvel

celular (m)	telefon-e hamrāh	تلفن همراه
tela (f)	namāyešgar	نمایشگر
botão (m)	dokme	دکمه
cartão SIM (m)	sim-e kārt	سیم کارت
bateria (f)	bātri	باطری
descarregar-se (vr)	tamām šodan bātri	تمام شدن باتری
carregador (m)	šāržer	شارژ
menu (m)	meno	منو
configurações (f pl)	tanzimāt	تنظیمات
melodia (f)	āhang	آهنگ
escolher (vt)	entexāb kardan	انتخاب کردن
calculadora (f)	māšin-e hesāb	ماشین حساب
correio (m) de voz	monši-ye telefoni	منشی تلفنی

despertador (m)	sā'at-e zang dār	ساعت زنگ دار
contatos (m pl)	daftar-e telefon	دفتر تلفن
mensagem (f) de texto	payāmak	پیامک
assinante (m)	moštarek	مشترک

100. Estacionário

caneta (f)	xodkār	خودکار
caneta (f) tinteiro	xodnevis	خودنویس
lápis (m)	medād	مداد
marcador (m) de texto	māžik	ماژیک
caneta (f) hidrográfica	māžik	ماژیک
bloco (m) de notas	daftar-e yāddāšt	دفتر یادداشت
agenda (f)	daftar-e yāddāšt	دفتر یادداشت
régua (f)	xat keš	خط کش
calculadora (f)	māšin-e hesāb	ماشین حساب
borracha (f)	pāk kon	پاک کن
alfinete (m)	punez	پونز
clipe (m)	gire	گیره
cola (f)	časb	چسب
grampeador (m)	mangane-ye zan	منگنه زن
furador (m) de papel	pānč	پانچ
apontador (m)	madād-e tarāš	مداد تراش

Emprego. Negócios. Parte 2

101. Media

jornal (m)	ruznāme	روزنامه
revista (f)	majalle	مجله
imprensa (f)	matbuāt	مطبوعات
rádio (m)	rādiyo	رادیو
estação (f) de rádio	istgāh-e rādiyoyi	ایستگاه رادیویی
televisão (f)	televiziyon	تلویزیون
apresentador (m)	mojri	مجری
locutor (m)	guyande-ye axbār	گوینده اخبار
comentarista (m)	mofasser	مفسر
jornalista (m)	ruznāme negār	روزنامه نگار
correspondente (m)	xabarnegār	خبرنگار
repórter (m) fotográfico	akkās-e matbuāti	عکاس مطبوعاتی
repórter (m)	gozārešgar	گزارشگر
redator (m)	virāstār	ویراستار
redator-chefe (m)	sardabir	سردبیر
assinar a ...	moštarak šodan	مشترک شدن
assinatura (f)	ešterāk	اشتراک
assinante (m)	moštarek	مشترک
ler (vt)	xāndan	خواندن
leitor (m)	xānande	خواننده
tiragem (f)	tirāž	تیراژ
mensal (adj)	māhāne	ماهانه
semanal (adj)	haftegi	هفتگی
número (jornal, revista)	šomāre	شماره
recente, novo (adj)	tāze	تازه
manchete (f)	sar xat-e xabar	سرخط خبر
pequeno artigo (m)	maqāle-ye kutāh	مقاله کوتاه
coluna (~ semanal)	sotun	ستون
artigo (m)	maqāle	مقاله
página (f)	safhe	صفحه
reportagem (f)	gozāreš	گزارش
evento (festa, etc.)	vāqe'e	واقعه
sensação (f)	hayajān	هیجان
escândalo (m)	janjāl	جنجال
escandaloso (adj)	janjāl āvar	جنجال آور
grande (adj)	bozorg	بزرگ
programa (m)	barnāme	برنامه
entrevista (f)	mosāhebe	مصاحبه

transmissão (f) ao vivo	paxš-e mostaqim	پخش مستقیم
canal (m)	kānāl	کانال

102. Agricultura

agricultura (f)	kešāvarzi	کشاورزی
camponês (m)	dehqān	دهقان
camponesa (f)	dehqān	دهقان
agricultor, fazendeiro (m)	kešāvarz	کشاورز
trator (m)	terāktor	تراکتور
colheitadeira (f)	kombāyn	کمباین
arado (m)	gāvāhan	گاوآهن
arar (vt)	šoxm zadan	شخم زدن
campo (m) lavrado	zamin āmāde kešt	زمین آماده کشت
sulco (m)	šiyār	شیار
semear (vt)	kāštan	کاشتن
plantadeira (f)	bazrpāš	بذرپاش
semeadura (f)	košt	کشت
foice (m)	dās	داس
cortar com foice	dero kardan	درو کردن
pá (f)	bil	بیل
cavar (vt)	kandan	کندن
enxada (f)	kaj bil	کج بیل
capinar (vt)	vajin kardan	وجین کردن
erva (f) daninha	alaf-e harz	علف هرز
regador (m)	āb pāš	آب پاش
regar (plantas)	āb dādan	آب دادن
rega (f)	ābyāri	آبیاری
forquilha (f)	čangak	چنگک
ancinho (m)	šen keš	شن کش
fertilizante (m)	kud	کود
fertilizar (vt)	kud dādan	کود دادن
estrume, esterco (m)	kud-e heyvāni	کود حیوانی
campo (m)	sahrā	صحرا
prado (m)	čaman	چمن
horta (f)	jāliz	جالیز
pomar (m)	bāq	باغ
pastar (vt)	čerāndan	چراندن
pastor (m)	čupān	چوپان
pastagem (f)	čerā-gāh	چراگاه
pecuária (f)	dāmparvari	دامپروری
criação (f) de ovelhas	gusfand dāri	گوسفند داری

plantação (f)	mazrae	مزرعه
canteiro (m)	radif	ردیف
estufa (f)	golxāne	گلخانه

| seca (f) | xošksāli | خشکسالی |
| seco (verão ~) | xošk | خشک |

grão (m)	dāne	دانه
cereais (m pl)	qallāt	غلات
colher (vt)	mahsul-e jam' kardan	محصول جمع کردن

moleiro (m)	āsiyābān	آسیابان
moinho (m)	āsiyāb	آسیاب
moer (vt)	qalle kubidan	غله کوبیدن
farinha (f)	ārd	آرد
palha (f)	kāh	کاه

103. Construção. Processo de construção

canteiro (m) de obras	mahal-e sāxt-o sāz	محل ساخت و ساز
construir (vt)	sāxtan	ساختن
construtor (m)	kārgar-e sāxtemāni	کارگر ساختمانی

projeto (m)	porože	پروژه
arquiteto (m)	me'mār	معمار
operário (m)	kārgar	کارگر

fundação (f)	šālude	شالوده
telhado (m)	bām	بام
estaca (f)	pāye	پایه
parede (f)	divār	دیوار

| colunas (f pl) de sustentação | milgerd | میلگرد |
| andaime (m) | dārbast | داربست |

concreto (m)	boton	بتن
granito (m)	sang-e gerānit	سنگ گرانیت
pedra (f)	sang	سنگ
tijolo (m)	ājor	آجر

areia (f)	šen	شن
cimento (m)	simān	سیمان
emboço, reboco (m)	gač kāri	گچ کاری
emboçar, rebocar (vt)	gačkār-i kardan	گچکاری کردن

tinta (f)	rang	رنگ
pintar (vt)	rang kardan	رنگ کردن
barril (m)	boške	بشکه

grua (f), guindaste (m)	jarsaqil	جرثقیل
erguer (vt)	boland kardan	بلند کردن
baixar (vt)	pāin āvardan	پائین آوردن
buldózer (m)	buldozer	بولدوزر
escavadora (f)	dastgāh-e haffāri	دستگاه حفاری

caçamba (f)	bil	بیل
escavar (vt)	kandan	کندن
capacete (m) de proteção	kolāh-e imeni	کلاه ایمنی

Profissões e ocupações

104. Procura de emprego. Demissão

trabalho (m)	kār	كار
equipe (f)	kārmandān	كارمندان
pessoal (m)	kādr	كادر
carreira (f)	šoql	شغل
perspectivas (f pl)	durnamā	دورنما
habilidades (f pl)	mahārat	مهارت
seleção (f)	entexāb	انتخاب
agência (f) de emprego	āžāns-e kāryābi	آژانس كاريابى
currículo (m)	rezume	رزومه
entrevista (f) de emprego	mosāhabe-ye kari	مصاحبه كارى
vaga (f)	post-e xāli	پست خالى
salário (m)	hoquq	حقوق
salário (m) fixo	darāmad-e s ābet	درآمد ثابت
pagamento (m)	pardāxt	پرداخت
cargo (m)	šoql	شغل
dever (do empregado)	vazife	وظيفه
gama (f) de deveres	šarh-e vazāyef	شرح وظايف
ocupado (adj)	mašqul	مشغول
despedir, demitir (vt)	exrāj kardan	اخراج كردن
demissão (f)	exrāj	اخراج
desemprego (m)	bikāri	بيكارى
desempregado (m)	bikār	بيكار
aposentadoria (f)	mostamerri	مستمرى
aposentar-se (vr)	bāznešaste šodan	بازنشسته شدن

105. Gente de negócios

diretor (m)	modir	مدير
gerente (m)	modir	مدير
patrão, chefe (m)	ra'is	رئيس
superior (m)	māfowq	مافوق
superiores (m pl)	roasā	رؤسا
presidente (m)	ra'is jomhur	رئيس جمهور
chairman (m)	ra'is	رئيس
substituto (m)	mo'āven	معاون
assistente (m)	mo'āven	معاون

secretário (m)	monši	منشی
secretário (m) pessoal	dastyār-e šaxsi	دستیار شخصی
homem (m) de negócios	bāzargān	بازرگان
empreendedor (m)	kārāfarin	کارآفرین
fundador (m)	moasses	مؤسس
fundar (vt)	ta'sis kardan	تأسیس کردن
principiador (m)	hamkār	همکار
parceiro, sócio (m)	šarik	شریک
acionista (m)	sahāmdār	سهامدار
milionário (m)	milyuner	میلیونر
bilionário (m)	milyārder	میلیاردر
proprietário (m)	sāheb	صاحب
proprietário (m) de terras	zamin-dār	زمین دار
cliente (m)	xaridār	خریدار
cliente (m) habitual	xaridār-e dāemi	خریدار دائمی
comprador (m)	xaridār	خریدار
visitante (m)	bāzdid konande	بازدید کننده
profissional (m)	herfe i	حرفه ای
perito (m)	kāršenās	کارشناس
especialista (m)	motexasses	متخصص
banqueiro (m)	kārmand-e bānk	کارمند بانک
corretor (m)	dallāl-e kārgozār	دلال کارگزار
caixa (m, f)	sanduqdār	صندوقدار
contador (m)	hesābdār	حسابدار
guarda (m)	negahbān	نگهبان
investidor (m)	sarmāye gozār	سرمایه گذار
devedor (m)	bedehkār	بدهکار
credor (m)	talabkār	طلبکار
mutuário (m)	vām girande	وام گیرنده
importador (m)	vāred konande	وارد کننده
exportador (m)	sāder konande	صادر کننده
produtor (m)	towlid konande	تولید کننده
distribuidor (m)	towzi' konande	توزیع کننده
intermediário (m)	vāsete	واسطه
consultor (m)	mošāver	مشاور
representante comercial	namāyande	نماینده
agente (m)	namāyande	نماینده
agente (m) de seguros	namāyande-ye bime	نمایندهٔ بیمه

106. Profissões de serviços

cozinheiro (m)	āšpaz	آشپز
chefe (m) de cozinha	sarāšpaz	سرآشپز

padeiro (m)	nānvā	نانوا
barman (m)	motesaddi-ye bār	متصدی بار
garçom (m)	pišxedmat	پیشخدمت
garçonete (f)	pišxedmat	پیشخدمت

advogado (m)	vakil	وکیل
jurista (m)	hoquq dān	حقوق دان
notário (m)	daftardār	دفتردار

eletricista (m)	barq-e kār	برق کار
encanador (m)	lule keš	لوله کش
carpinteiro (m)	najjār	نجار

massagista (m)	māsāž dahande	ماساژ دهنده
massagista (f)	māsāž dahande	ماساژ دهنده
médico (m)	pezešk	پزشک

taxista (m)	rānande-ye tāksi	راننده تاکسی
condutor (automobilista)	rānande	راننده
entregador (m)	peyk	پیک

camareira (f)	mostaxdem	مستخدم
guarda (m)	negahbān	نگهبان
aeromoça (f)	mehmāndār-e havāpeymā	مهماندار هواپیما

professor (m)	moʻallem	معلم
bibliotecário (m)	ketābdār	کتابدار
tradutor (m)	motarjem	مترجم
intérprete (m)	motarjem-e šafāhi	مترجم شفاهی
guia (m)	rāhnamā-ye tur	راهنمای تور

cabeleireiro (m)	ārāyešgar	آرایشگر
carteiro (m)	nāme resān	نامه رسان
vendedor (m)	forušande	فروشنده

jardineiro (m)	bāqbān	باغبان
criado (m)	nowkar	نوکر
criada (f)	xedmatkār	خدمتکار
empregada (f) de limpeza	zan-e nezāfatči	زن نظافتچی

107. Profissões militares e postos

soldado (m) raso	sarbāz	سرباز
sargento (m)	goruhbān	گروهبان
tenente (m)	sotvān	ستوان
capitão (m)	kāpitān	کاپیتان

major (m)	sargord	سرگرد
coronel (m)	sarhang	سرهنگ
general (m)	ženerāl	ژنرال
marechal (m)	māršāl	مارشال
almirante (m)	daryāsālār	دریاسالار
militar (m)	nezāmi	نظامی
soldado (m)	sarbāz	سرباز

| oficial (m) | afsar | افسر |
| comandante (m) | farmāndeh | فرمانده |

guarda (m) de fronteira	marzbān	مرزبان
operador (m) de rádio	bisim či	بیسم چی
explorador (m)	ettelā'āti	اطلاعاتی
sapador-mineiro (m)	mohandes estehkāmāt	مهندس استحکامات
atirador (m)	tirandāz	تیرانداز
navegador (m)	nāvbar	ناویر

108. Oficiais. Padres

| rei (m) | šāh | شاه |
| rainha (f) | maleke | ملکه |

| príncipe (m) | šāhzāde | شاهزاده |
| princesa (f) | pranses | پرنسس |

| czar (m) | tezār | تزار |
| czarina (f) | maleke | ملکه |

presidente (m)	ra'is jomhur	رئیس جمهور
ministro (m)	vazir	وزیر
primeiro-ministro (m)	noxost vazir	نخست وزیر
senador (m)	senātor	سناتور

diplomata (m)	diplomāt	دیپلمات
cônsul (m)	konsul	کنسول
embaixador (m)	safir	سفیر
conselheiro (m)	mošāver	مشاور

funcionário (m)	kārmand	کارمند
prefeito (m)	baxšdār	بخشدار
Presidente (m) da Câmara	šahrdār	شهردار

| juiz (m) | qāzi | قاضی |
| procurador (m) | dādsetān | دادستان |

missionário (m)	misiyoner	میسیونر
monge (m)	rāheb	راهب
abade (m)	rāheb-e bozorg	راهب بزرگ
rabino (m)	xāxām	خاخام

vizir (m)	vazir	وزیر
xá (m)	šāh	شاه
xeique (m)	šeyx	شیخ

109. Profissões agrícolas

abelheiro (m)	zanburdār	زنبوردار
pastor (m)	čupān	چوپان
agrônomo (m)	motexasses-e kešāvarzi	متخصص کشاورزی

| criador (m) de gado | dāmparvar | دامپرور |
| veterinário (m) | dāmpezešk | دامپزشک |

agricultor, fazendeiro (m)	kešāvarz	کشاورز
vinicultor (m)	šarāb sāz	شراب ساز
zoólogo (m)	jānevar-šenās	جانور شناس
vaqueiro (m)	gāvčerān	گاوچران

110. Profissões artísticas

| ator (m) | bāzigar | بازیگر |
| atriz (f) | bāzigar | بازیگر |

| cantor (m) | xānande | خواننده |
| cantora (f) | xānande | خواننده |

| bailarino (m) | raqqās | رقاص |
| bailarina (f) | raqqāse | رقاصه |

| artista (m) | honarpiše | هنرپیشه |
| artista (f) | honarpiše | هنرپیشه |

músico (m)	muzisiyan	موزیسین
pianista (m)	piyānist	پیانیست
guitarrista (m)	gitārist	گیتاریست

maestro (m)	rahbar-e orkestr	رهبر ارکستر
compositor (m)	āhangsāz	آهنگساز
empresário (m)	modir-e operā	مدیر اپرا

diretor (m) de cinema	kārgardān	کارگردان
produtor (m)	tahiye konande	تهیه کننده
roteirista (m)	senārist	سناریست
crítico (m)	montaqed	منتقد

escritor (m)	nevisande	نویسنده
poeta (m)	šā'er	شاعر
escultor (m)	mojassame sāz	مجسمه ساز
pintor (m)	naqqāš	نقاش

malabarista (m)	tardast	تردست
palhaço (m)	dalqak	دلقک
acrobata (m)	ākrobāt	آکروبات
ilusionista (m)	šo'bade bāz	شعبده باز

111. Várias profissões

médico (m)	pezešk	پزشک
enfermeira (f)	parastār	پرستار
psiquiatra (m)	ravānpezešk	روانپزشک
dentista (m)	dandān pezešk	دندان پزشک
cirurgião (m)	jarrāh	جراح

astronauta (m)	fazānavard	فضانورد
astrônomo (m)	setāre-šenās	ستاره شناس
piloto (m)	xalabān	خلبان

motorista (m)	rānande	راننده
maquinista (m)	rānande	راننده
mecânico (m)	mekānik	مکانیک

mineiro (m)	ma'danči	معدنچی
operário (m)	kārgar	کارگر
serralheiro (m)	qofl sāz	قفل ساز
marceneiro (m)	najjār	نجار
torneiro (m)	tarrāš kār	تراش کار
construtor (m)	kārgar-e sāxtemāni	کارگر ساختمانی
soldador (m)	juš kār	جوش کار

professor (m)	porofosor	پروفسور
arquiteto (m)	me'mār	معمار
historiador (m)	movarrex	مورخ
cientista (m)	dānešmand	دانشمند
físico (m)	fizikdān	فیزیکدان
químico (m)	šimi dān	شیمی دان

arqueólogo (m)	bāstān-šenās	باستان شناس
geólogo (m)	zamin-šenās	زمین شناس
pesquisador (cientista)	pažuhešgar	پژوهشگر

| babysitter, babá (f) | parastār bače | پرستار بچه |
| professor (m) | āmuzgār | آموزگار |

redator (m)	virāstār	ویراستار
redator-chefe (m)	sardabir	سردبیر
correspondente (m)	xabarnegār	خبرنگار
datilógrafa (f)	māšin nevis	ماشین نویس

designer (m)	tarāh	طراح
especialista (m) em informática	kāršenās kāmpiyuter	کارشناس کامپیوتر
programador (m)	barnāme-ye nevis	برنامه نویس
engenheiro (m)	mohandes	مهندس

marujo (m)	malavān	ملوان
marinheiro (m)	malavān	ملوان
socorrista (m)	nejāt-e dahande	نجات دهنده

bombeiro (m)	ātaš nešān	آتش نشان
polícia (m)	polis	پلیس
guarda-noturno (m)	mohāfez	محافظ
detetive (m)	kārāgāh	کارآگاه

funcionário (m) da alfândega	ma'mur-e gomrok	مامور گمرک
guarda-costas (m)	mohāfez-e šaxsi	محافظ شخصی
guarda (m) prisional	negahbān zendān	نگهبان زندان
inspetor (m)	bāzres	بازرس
esportista (m)	varzeškār	ورزشکار
treinador (m)	morabbi	مربی

açougueiro (m)	qassāb	قصاب
sapateiro (m)	kaffāš	کفاش
comerciante (m)	bāzargān	بازرگان
carregador (m)	bārbar	باربر
estilista (m)	tarrāh-e lebas	طراح لباس
modelo (f)	model-e zan	مدل زن

112. Ocupações. Estatuto social

estudante (~ de escola)	dāneš-āmuz	دانش آموز
estudante (~ universitária)	dānešju	دانشجو
filósofo (m)	filsuf	فیلسوف
economista (m)	eqtesāddān	اقتصاددان
inventor (m)	moxtareʿ	مخترع
desempregado (m)	bikār	بیکار
aposentado (m)	bāznešaste	بازنشسته
espião (m)	jāsus	جاسوس
preso, prisioneiro (m)	zendāni	زندانی
grevista (m)	eʿtesāb konande	اعتصاب کننده
burocrata (m)	maʿmur-e edāri	مأمور اداری
viajante (m)	mosāfer	مسافر
homossexual (m)	hamjens-e bāz	همجنس باز
hacker (m)	haker	هکر
hippie (m, f)	hipi	هیپی
bandido (m)	rāhzan	راهزن
assassino (m)	ādamkoš	آدمکش
drogado (m)	moʿtād	معتاد
traficante (m)	forušande-ye mavādd-e moxadder	فروشندهٔ مواد مخدر
prostituta (f)	fāheše	فاحشه
cafetão (m)	jākeš	جاکش
bruxo (m)	jādugar	جادوگر
bruxa (f)	jādugar	جادوگر
pirata (m)	dozd-e daryāyi	دزد دریایی
escravo (m)	borde	برده
samurai (m)	sāmurāyi	سامورایی
selvagem (m)	vahši	وحشی

Desportos

113. Tipos de desportos. Desportistas

esportista (m)	varzeškār	ورزشکار
tipo (m) de esporte	anvā-e varzeš	انواع ورزش
basquete (m)	basketbāl	بسکتبال
jogador (m) de basquete	basketbālist	بسکتبالیست
beisebol (m)	beysbāl	بیسبال
jogador (m) de beisebol	beysbālist	بیسبالیست
futebol (m)	futbāl	فوتبال
jogador (m) de futebol	futbālist	فوتبالیست
goleiro (m)	darvāze bān	دروازه بان
hóquei (m)	hāki	هاکی
jogador (m) de hóquei	hāki-ye bāz	هاکی باز
vôlei (m)	vālibāl	والیبال
jogador (m) de vôlei	vālibālist	والیبالیست
boxe (m)	boks	بوکس
boxeador (m)	boksor	بوکسور
luta (f)	kešti	کشتی
lutador (m)	košti gir	کشتی گیر
caratê (m)	kārāte	کاراته
carateca (m)	kārāte-e bāz	کاراته باز
judô (m)	jodo	جودو
judoca (m)	jodo bāz	جودو باز
tênis (m)	tenis	تنیس
tenista (m)	tenis bāz	تنیس باز
natação (f)	šenā	شنا
nadador (m)	šenāgar	شناگر
esgrima (f)	šamširbāzi	شمشیربازی
esgrimista (m)	šamširbāz	شمشیرباز
xadrez (m)	šatranj	شطرنج
jogador (m) de xadrez	šatranj bāz	شطرنج باز
alpinismo (m)	kuhnavardi	کوهنوردی
alpinista (m)	kuhnavard	کوهنورد
corrida (f)	do	دو

corredor (m)	davande	دونده
atletismo (m)	varzeš	ورزش
atleta (m)	varzeškār	ورزشکار

| hipismo (m) | asb savāri | اسب سواری |
| cavaleiro (m) | savārkār | سوارکار |

patinação (f) artística	raqs ruy yax	رقص روی یخ
patinador (m)	eskeyt bāz	اسکیت باز
patinadora (f)	eskeyt bāz	اسکیت باز

| halterofilismo (m) | vazne bardār-i | وزنه برداری |
| halterofilista (m) | vazne bardār | وزنه بردار |

| corrida (f) de carros | mosābeqe-ye otomobilrāni | مسابقۀ اتومبیلرانی |
| piloto (m) | otomobilrān | اتومبیلران |

| ciclismo (m) | dočarxe savāri | دوچرخه سواری |
| ciclista (m) | dočarxe savār | دوچرخه سوار |

salto (m) em distância	pareš-e tul	پرش طول
salto (m) com vara	pareš bā neyze	پرش با نیزه
atleta (m) de saltos	pareš konande	پرش کننده

114. Tipos de desportos. Diversos

futebol (m) americano	futbāl-e āmrikāyi	فوتبال آمریکایی
badminton (m)	badminton	بدمینتون
biatlo (m)	biatlon	بیاتلون
bilhar (m)	bilyārd	بیلیارد

bobsled (m)	surtme	سورتمه
musculação (f)	badansāzi	بدنسازی
polo (m) aquático	vāterpolo	واترپولو
handebol (m)	handbāl	هندبال
golfe (m)	golf	گلف

remo (m)	qāyeq rāni	قایق رانی
mergulho (m)	dāyving	دایوینگ
corrida (f) de esqui	eski-ye sahrānavardi	اسکی صحرانوردی
tênis (m) de mesa	ping pong	پینگ پونگ

vela (f)	qāyeq-rāni bādbani	قایق رانی بادبانی
rali (m)	rāli	رالی
rúgbi (m)	rāgbi	راگبی
snowboard (m)	snowbord	اسنوبورد
arco-e-flecha (m)	tirandāzi bā kamān	تیراندازی با کمان

115. Ginásio

| barra (f) | hālter | هالتر |
| halteres (m pl) | dambel | دمبل |

aparelho (m) de musculação	mãšin-e tamrin	ماشین تمرین
bicicleta (f) ergométrica	dočarxe-ye tamrin	دوچرخه تمرین
esteira (f) de corrida	pist-e do	پیست دو

barra (f) fixa	bārfiks	بارفیکس
barras (f pl) paralelas	pārālel	پارالل
cavalo (m)	xarak	خرک
tapete (m) de ginástica	tošak	تشک

corda (f) de saltar	tanāb	طناب
aeróbica (f)	āirobik	ایروبیک
ioga, yoga (f)	yugā	یوگا

116. Desportos. Diversos

Jogos (m pl) Olímpicos	bāzihā-ye olampik	بازی‌های المپیک
vencedor (m)	barande	برنده
vencer (vi)	piruz šodan	پیروز شدن
vencer (vi, vt)	piruz šodan	پیروز شدن

| líder (m) | rahbar | رهبر |
| liderar (vt) | lider budan | لیدر بودن |

primeiro lugar (m)	rotbe-ye avval	رتبه اول
segundo lugar (m)	rotbe-ye dovvom	رتبه دوم
terceiro lugar (m)	rotbe-ye sevvom	رتبه سوم

medalha (f)	medāl	مدال
troféu (m)	kāp	کاپ
taça (f)	jām	جام
prêmio (m)	jāyeze	جایزه
prêmio (m) principal	jāyeze-ye asli	جایزهٔ اصلی

| recorde (m) | rekord | رکورد |
| estabelecer um recorde | rekord gozāštan | رکورد گذاشتن |

| final (m) | fināl | فینال |
| final (adj) | pāyāni | پایانی |

| campeão (m) | qahremān | قهرمان |
| campeonato (m) | mosābeqe-ye qahremāni | مسابقه قهرمانی |

estádio (m)	varzešgāh	ورزشگاه
arquibancadas (f pl)	teribun	تریبون
fã, torcedor (m)	tarafdār	طرفدار
adversário (m)	raqib	رقیب

| partida (f) | šoru' | شروع |
| linha (f) de chegada | entehā | انتها |

derrota (f)	šekast	شکست
perder (vt)	bāxtan	باختن
árbitro, juiz (m)	dāvar	داور
júri (m)	hey'at-e dāvarān	هیئت داوران

resultado (m)	emtiyāz	امتیاز
empate (m)	mosāvi	مساوی
empatar (vi)	bāzi rā mosāvi kardan	بازی رامساوی کردن
ponto (m)	emtiyāz	امتیاز
resultado (m) final	natije	نتیجه

| tempo (m) | dowre | دوره |
| intervalo (m) | hāf tāym | هاف تایم |

doping (m)	doping	دوپینگ
penalizar (vt)	jarime kardan	جریمه کردن
desqualificar (vt)	rad-e salāhiyat kardan	رد صلاحیت کردن

aparelho, aparato (m)	asbāb	اسباب
dardo (m)	neyze	نیزه
peso (m)	vazne	وزنه
bola (f)	tup	توپ

alvo, objetivo (m)	hadaf	هدف
alvo (~ de papel)	nešangah	نشانگاه
disparar, atirar (vi)	tirandāzi kardan	تیراندازی کردن
preciso (tiro ~)	dorost	درست

treinador (m)	morabbi	مربی
treinar (vt)	tamrin dādan	تمرین دادن
treinar-se (vr)	tamrin kardan	تمرین کردن
treino (m)	tamrin	تمرین

academia (f) de ginástica	sālon-e varzeš	سالن ورزش
exercício (m)	tamrin	تمرین
aquecimento (m)	garm kardan	گرم کردن

Educação

117. Escola

escola (f)	madrese	مدرسه
diretor (m) de escola	modir-e madrese	مدیر مدرسه
aluno (m)	dāneš-āmuz	دانش آموز
aluna (f)	dāneš-āmuz	دانش آموز
estudante (m)	dāneš-āmuz	دانش آموز
estudante (f)	dāneš-āmuz	دانش آموز
ensinar (vt)	āmuxtan	آموختن
aprender (vt)	yād gereftan	یاد گرفتن
decorar (vt)	az hefz kardan	از حفظ کردن
estudar (vi)	yād gereftan	یاد گرفتن
estar na escola	tahsil kardan	تحصیل کردن
ir à escola	madrese raftan	مدرسه رفتن
alfabeto (m)	alefbā	الفبا
disciplina (f)	mabhas	مبحث
sala (f) de aula	kelās	کلاس
lição, aula (f)	dars	درس
recreio (m)	zang-e tafrih	زنگ تفریح
toque (m)	zang	زنگ
classe (f)	miz-e tahrir	میز تحریر
quadro (m) negro	taxte-ye siyāh	تخته سیاه
nota (f)	nomre	نمره
boa nota (f)	nomre-ye xub	نمرۀ خوب
nota (f) baixa	nomre-ye bad	نمرۀ بد
dar uma nota	nomre gozāštan	نمره گذاشتن
erro (m)	eštebāh	اشتباه
errar (vi)	eštebāh kardan	اشتباه کردن
corrigir (~ um erro)	eslāh kardan	اصلاح کردن
cola (f)	taqallob	تقلب
dever (m) de casa	taklif manzel	تکلیف منزل
exercício (m)	tamrin	تمرین
estar presente	hozur dāštan	حضور داشتن
estar ausente	qāyeb budan	غایب بودن
faltar às aulas	az madrese qāyeb budan	ازمدرسه غایب بودن
punir (vt)	tanbih kardan	تنبیه کردن
punição (f)	tanbih	تنبیه
comportamento (m)	raftār	رفتار

boletim (m) escolar	gozāreš-e ruzāne	گزارش روزانه
lápis (m)	medād	مداد
borracha (f)	pāk kon	پاک کن
giz (m)	gač	گچ
porta-lápis (m)	qalamdān	قلمدان

mala, pasta, mochila (f)	kif madrese	کیف مدرسه
caneta (f)	xodkār	خودکار
caderno (m)	daftar	دفتر
livro (m) didático	ketāb-e darsi	کتاب درسی
compasso (m)	pargār	پرگار

| traçar (vt) | rasm kardan | رسم کردن |
| desenho (m) técnico | rasm-e fani | رسم فنی |

poesia (f)	še'r	شعر
de cor	az hefz	از حفظ
decorar (vt)	az hefz kardan	از حفظ کردن

férias (f pl)	ta'tilāt	تعطیلات
estar de férias	dar ta'tilāt budan	در تعطیلات بودن
passar as férias	ta'tilāt rā gozarāndan	تعطیلات را گذراندن

teste (m), prova (f)	emtehān	امتحان
redação (f)	enšā'	انشاء
ditado (m)	dikte	دیکته
exame (m), prova (f)	emtehān	امتحان
fazer prova	emtehān dādan	امتحان دادن
experiência (~ química)	āzmāyeš	آزمایش

118. Colégio. Universidade

academia (f)	farhangestān	فرهنگستان
universidade (f)	dānešgāh	دانشگاه
faculdade (f)	dāneškade	دانشکده

estudante (m)	dānešju	دانشجو
estudante (f)	dānešju	دانشجو
professor (m)	ostād	استاد

| auditório (m) | kelās | کلاس |
| graduado (m) | fāreqottahsil | فارغ التحصیل |

| diploma (m) | diplom | دیپلم |
| tese (f) | pāyān nāme | پایان نامه |

| estudo (obra) | tahqiqe elmi | تحقیق علمی |
| laboratório (m) | āzmāyešgāh | آزمایشگاه |

| palestra (f) | soxanrāni | سخنرانی |
| colega (m) de curso | ha mdowre i | هم دوره ای |

| bolsa (f) de estudos | burse tahsili | بورس تحصیلی |
| grau (m) acadêmico | daraje-ye elmi | درجۀ علمی |

119. Ciências. Disciplinas

matemática (f)	riyāziyāt	رياضيات
álgebra (f)	jabr	جبر
geometria (f)	hendese	هندسه
astronomia (f)	setāre-šenāsi	ستاره شناسی
biologia (f)	zist-šenāsi	زیست شناسی
geografia (f)	joqrāfiyā	جغرافیا
geologia (f)	zamin-šenāsi	زمین شناسی
história (f)	tārix	تاریخ
medicina (f)	pezeški	پزشکی
pedagogia (f)	olume tarbiyati	علوم تربیتی
direito (m)	hoquq	حقوق
física (f)	fizik	فیزیک
química (f)	šimi	شیمی
filosofia (f)	falsafe	فلسفه
psicologia (f)	ravānšenāsi	روانشناسی

120. Sistema de escrita. Ortografia

gramática (f)	gerāmer	گرامر
vocabulário (m)	vājegān	واژگان
fonética (f)	sadā-šenāsi	صداشناسی
substantivo (m)	esm	اسم
adjetivo (m)	sefat	صفت
verbo (m)	fe'l	فعل
advérbio (m)	qeyd	قید
pronome (m)	zamir	ضمیر
interjeição (f)	harf-e nedā	حرف ندا
preposição (f)	harf-e ezāfe	حرف اضافه
raiz (f)	riše-ye kalame	ریشه کلمه
terminação (f)	pasvand	پسوند
prefixo (m)	pišvand	پیشوند
sílaba (f)	hejā	هجا
sufixo (m)	pasvand	پسوند
acento (m)	fešar-e hejā	فشار هجا
apóstrofo (f)	āpostrof	آپوستروف
ponto (m)	noqte	نقطه
vírgula (f)	virgul	ویرگول
ponto e vírgula (m)	noqte virgul	نقطه ویرگول
dois pontos (m pl)	donoqte	دونقطه
reticências (f pl)	čand noqte	چند نقطه
ponto (m) de interrogação	alāmat-e soāl	علامت سؤال
ponto (m) de exclamação	alāmat-e taajjob	علامت تعجب

aspas (f pl)	giyume	گیومه
entre aspas	dar giyume	در گیومه
parênteses (m pl)	parāntez	پرانتز
entre parênteses	dar parāntez	در پرانتز

hífen (m)	xatt-e vāsel	خط واصل
travessão (m)	xatt-e tire	خط تیره
espaço (m)	fāsele	فاصله

| letra (f) | harf | حرف |
| letra (f) maiúscula | harf-e bozorg | حرف بزرگ |

| vogal (f) | sedādār | صدادار |
| consoante (f) | sāmet | صامت |

frase (f)	jomle	جمله
sujeito (m)	nahād	نهاد
predicado (m)	gozāre	گزاره

linha (f)	satr	سطر
em uma nova linha	sar-e satr	سر سطر
parágrafo (m)	band	بند

palavra (f)	kalame	کلمه
grupo (m) de palavras	ebārat	عبارت
expressão (f)	bayān	بیان
sinônimo (m)	moterādef	مترادف
antônimo (m)	motezād	متضاد

regra (f)	qā'ede	قاعده
exceção (f)	estesnā	استثنا
correto (adj)	sahih	صحیح

conjugação (f)	sarf	صرف
declinação (f)	sarf-e kalemāt	صرف کلمات
caso (m)	hālat	حالت
pergunta (f)	soāl	سؤال
sublinhar (vt)	xatt kešidan	خط کشیدن
linha (f) pontilhada	noqte čin	نقطه چین

121. Línguas estrangeiras

língua (f)	zabān	زبان
estrangeiro (adj)	xāreji	خارجی
língua (f) estrangeira	zabān-e xāreji	زبان خارجی
estudar (vt)	dars xāndan	درس خواندن
aprender (vt)	yād gereftan	یاد گرفتن

ler (vt)	xāndan	خواندن
falar (vi)	harf zadan	حرف زدن
entender (vt)	fahmidan	فهمیدن
escrever (vt)	neveštan	نوشتن
rapidamente	sari'	سریع
devagar, lentamente	āheste	آهسته

fluentemente	ravān	روان
regras (f pl)	qavā'ed	قواعد
gramática (f)	gerāmer	گرامر
vocabulário (m)	vājegān	واژگان
fonética (f)	āvā-šenāsi	آواشناسی

livro (m) didático	ketāb-e darsi	کتاب درسی
dicionário (m)	farhang-e loqat	فرهنگ لغت
manual (m) autodidático	xod-āmuz	خودآموز
guia (m) de conversação	ketāb-e mokāleme	کتاب مکالمه

fita (f) cassete	kāst	کاست
videoteipe (m)	kāst-e video	کاست ویدئو
CD (m)	si-di	سیدی
DVD (m)	dey vey dey	دی وی دی

alfabeto (m)	alefbā	الفبا
soletrar (vt)	heji kardan	هجی کردن
pronúncia (f)	talaffoz	تلفظ

sotaque (m)	lahje	لهجه
com sotaque	bā lahje	با لهجه
sem sotaque	bi lahje	بی لهجه

palavra (f)	kalame	کلمه
sentido (m)	ma'ni	معنی

curso (m)	dowre	دوره
inscrever-se (vr)	nām-nevisi kardan	نام نویسی کردن
professor (m)	ostād	استاد

tradução (processo)	tarjome	ترجمه
tradução (texto)	tarjome	ترجمه
tradutor (m)	motarjem	مترجم
intérprete (m)	motarjem-e šafāhi	مترجم شفاهی

poliglota (m)	čand zabāni	چند زبانی
memória (f)	hāfeze	حافظه

122. Personagens de contos de fadas

Papai Noel (m)	bābā noel	بابا نوئل
Cinderela (f)	sinderelā	سیندرلا
sereia (f)	pari-ye daryāyi	پری دریایی
Netuno (m)	nepton	نپتون

bruxo, feiticeiro (m)	sāher	ساحر
fada (f)	sāher	ساحر
mágico (adj)	jāduyi	جادویی
varinha (f) mágica	asā-ye sehrāmiz	عصای سحرآمیز

conto (m) de fadas	afsāne	افسانه
milagre (m)	mo'jeze	معجزه
anão (m)	kutule	کوتوله

transformar-se em ...	tabdil šodan	تبدیل شدن
fantasma (m)	šabah	شبح
fantasma (m)	šabah	شبح
monstro (m)	qul	غول
dragão (m)	eždehā	اژدها
gigante (m)	qul	غول

123. Signos do Zodíaco

Áries (f)	borj-e haml	برج حمل
Touro (m)	borj-e sowr	برج ثور
Gêmeos (m pl)	borj-e jowzā	برج جوزا
Câncer (m)	saratān	سرطان
Leão (m)	šir	شیر
Virgem (f)	borj-e sonbole	برج سنبله

Libra (f)	borj-e mizān	برج میزان
Escorpião (m)	borj-e aqrab	برج عقرب
Sagitário (m)	borj-e qows	برج قوس
Capricórnio (m)	borj-e jeddi	برج جدی
Aquário (m)	borj-e dalow	برج دلو
Peixes (pl)	borj-e hut	برج حوت

caráter (m)	šaxsiyat	شخصیت
traços (m pl) do caráter	xosusiyāt-e axlāqi	خصوصیات اخلاقی
comportamento (m)	raftār	رفتار
prever a sorte	fāl gereftan	فال گرفتن
adivinha (f)	fālgir	فالگیر
horóscopo (m)	tāle' bini	طالع بینی

Artes

124. Teatro

teatro (m)	teãtr	تئاتر
ópera (f)	operã	اپرا
opereta (f)	operã-ye kučak	اپرای کوچک
balé (m)	bāle	باله

cartaz (m)	e'lān-e namāyeš	اعلان نمایش
companhia (f) de teatro	hey'at honarpišegān	هیئت هنرپیشگان
turnê (f)	safar	سفر
estar em turnê	dar tur budan	در تور بودن
ensaiar (vt)	tamrin kardan	تمرین کردن
ensaio (m)	tamrin	تمرین
repertório (m)	roperator	ریراتور

apresentação (f)	namāyeš	نمایش
espetáculo (m)	namāyeš	نمایش
peça (f)	namāyeš nāme	نمایش نامه

entrada (m)	belit	بلیط
bilheteira (f)	belit-foruši	بلیت فروشی
hall (m)	lābi	لابی
vestiário (m)	komod-e lebās	کمد لباس
senha (f) numerada	žeton	ژتون
binóculo (m)	durbin	دوربین
lanterninha (m)	rāhnamā	راهنما

plateia (f)	sandali-ye orkestr	صندلی ارکستر
balcão (m)	bālkon	بالکن
primeiro balcão (m)	bālkon-e avval	بالکن اول
camarote (m)	jāygāh-e vižhe	جایگاه ویژه
fila (f)	radif	ردیف
assento (m)	jā	جا

público (m)	hozzār	حضار
espectador (m)	tamāšāči	تماشاچی
aplaudir (vt)	kaf zadan	کف زدن
aplauso (m)	tašviq	تشویق
ovação (f)	šādi-va sorur	شادی و سرور

palco (m)	sahne	صحنه
cortina (f)	parde	پرده
cenário (m)	sahne	صحنه
bastidores (m pl)	pošt-e sahne	پشت صحنه

cena (f)	sahne	صحنه
ato (m)	parde	پرده
intervalo (m)	ānterākt	آنتراکت

125. Cinema

ator (m)	bāzigar	بازیگر
atriz (f)	bāzigar	بازیگر
cinema (m)	sinamā	سینما
filme (m)	film	فیلم
episódio (m)	qesmat	قسمت
filme (m) policial	film-e polisi	فیلم پلیسی
filme (m) de ação	film-e akšen	فیلم اکشن
filme (m) de aventuras	film-e mājarāyi	فیلم ماجرایی
filme (m) de ficção científica	film-e elmi-ye taxayyoli	فیلم علمی تخیلی
filme (m) de horror	film-e tarsnāk	فیلم ترسناک
comédia (f)	komedi	کمدی
melodrama (m)	meloderām	ملودرام
drama (m)	derām	درام
filme (m) de ficção	film-e honari	فیلم هنری
documentário (m)	film-e mostanad	فیلم مستند
desenho (m) animado	kārton	کارتون
cinema (m) mudo	film-e sāmet	فیلم صامت
papel (m)	naqš	نقش
papel (m) principal	naqš-e asli	نقش اصلی
representar (vt)	bāzi kardan	بازی کردن
estrela (f) de cinema	setāre-ye sinamā	ستارۀ سینما
conhecido (adj)	mašhur	مشهور
famoso (adj)	mašhur	مشهور
popular (adj)	saršenās	سرشناس
roteiro (m)	senāriyo	سناریو
roteirista (m)	senārist	سناریست
diretor (m) de cinema	kārgardān	کارگردان
produtor (m)	tahiye konande	تهیه کننده
assistente (m)	dastyār	دستیار
diretor (m) de fotografia	filmbardār	فیلمبردار
dublê (m)	badalkār	بدلکار
dublê (m) de corpo	dublur	دوبلور
filmar (vt)	film gereftan	فیلم گرفتن
audição (f)	test	تست
filmagem (f)	film bardār-i	فیلم برداری
equipe (f) de filmagem	goruh film bar dār-i	گروه فیلم برداری
set (m) de filmagem	mahal film bar dār-i	محل فیلم برداری
câmera (f)	durbin	دوربین
cinema (m)	sinamā	سینما
tela (f)	parde	پرده
exibir um filme	film-e nešān dādan	فیلم نشان دادن
trilha (f) sonora	musiqi-ye matn	موسیقی متن
efeitos (m pl) especiais	jelvehā-ye vižhe	جلوه های ویژه

legendas (f pl)	zirnevis	زیرنویس
crédito (m)	titrāj	تیتراژ
tradução (f)	tarjome	ترجمه

126. Pintura

arte (f)	honar	هنر
belas-artes (f pl)	honarhā-ye zibā	هنرهای زیبا
galeria (f) de arte	gāleri-ye honari	گالری هنری
exibição (f) de arte	namāyešgāh-e honari	نمایشگاه هنری

pintura (f)	naqqāši	نقاشی
arte (f) gráfica	honar-e gerāfik	هنر گرافیک
arte (f) abstrata	honar-e ābestre	هنر آبستره
impressionismo (m)	ampersiyonism	امپرسیونیسم

pintura (f), quadro (m)	tasvir	تصویر
desenho (m)	naqqāši	نقاشی
cartaz, pôster (m)	poster	پوستر

ilustração (f)	tasvir	تصویر
miniatura (f)	minyātor	مینیاتور
cópia (f)	nosxe	نسخه
reprodução (f)	taksir	تکثیر

mosaico (m)	muzāik	موزائیک
vitral (m)	naqqāši ruy šiše	نقاشی روی شیشه
afresco (m)	naqqāši ruy gač	نقاشی روی گچ
gravura (f)	gerāvur	گراور

busto (m)	mojassame-ye nimtane	مجسمهٔ نیم تنه
escultura (f)	mojassame sāz-i	مجسمه سازی
estátua (f)	mojassame	مجسمه
gesso (m)	gač	گچ
em gesso (adj)	gači	گچی

retrato (m)	temsāl	تمثال
autorretrato (m)	tasvir-e naqqāš	تصویر نقاش
paisagem (f)	manzare	منظره
natureza (f) morta	tabi'at-e bijān	طبیعت بیجان
caricatura (f)	kārikātor	کاریکاتور
esboço (m)	tarh-e moqaddamāti	طرح مقدماتی

tinta (f)	rang	رنگ
aquarela (f)	āb-o rang	آب ورنگ
tinta (f) a óleo	rowqan	روغن
lápis (m)	medād	مداد
tinta (f) nanquim	morakkab	مرکب
carvão (m)	zoqāl	زغال

desenhar (vt)	naqqāši kardan	نقاشی کردن
pintar (vt)	naqqāši kardan	نقاشی کردن
posar (vi)	žest gereftan	ژست گرفتن
modelo (m)	model-e naqqāši	مدل نقاشی

modelo (f)	model-e naqqāši	مدل نقاشی
pintor (m)	naqqāš	نقاش
obra (f)	asar-e honari	اثر هنری
obra-prima (f)	šāhkār	شاهکار
estúdio (m)	kārgāh	کارگاه
tela (f)	bum-e naqāši	بوم نقاشی
cavalete (m)	sepāye-ye naqqāši	سه پایهٔ نقاشی
paleta (f)	taxte-ye rang	تختهٔ رنگ
moldura (f)	qāb	قاب
restauração (f)	maremmat	مرمت
restaurar (vt)	marammat kardan	مرمت کردن

127. Literatura & Poesia

literatura (f)	adabiyāt	ادبیات
autor (m)	moallef	مؤلف
pseudônimo (m)	taxallos	تخلص
livro (m)	ketāb	کتاب
volume (m)	jeld	جلد
índice (m)	fehrest	فهرست
página (f)	safhe	صفحه
protagonista (m)	qahremān-e asli	قهرمان اصلی
autógrafo (m)	dast-e xat	دست خط
conto (m)	hekāyat	حکایت
novela (f)	dāstān	داستان
romance (m)	ramān	رمان
obra (f)	ta'lif	تألیف
fábula (m)	afsāne	افسانه
romance (m) policial	dastane jenai	داستان جنایی
verso (m)	še'r	شعر
poesia (f)	še'r	شعر
poema (m)	še'r	شعر
poeta (m)	šā'er	شاعر
ficção (f)	dāstān	داستان
ficção (f) científica	elmi-ye taxayyoli	علمی تخیلی
aventuras (f pl)	sargozašt	سرگذشت
literatura (f) didática	adabiyāt-e āmuzeši	ادبیات آموزشی
literatura (f) infantil	adabiyāt-e kudak	ادبیات کودک

128. Circo

circo (m)	sirak	سیرک
circo (m) ambulante	sirak-e sayār	سیرک سیار
programa (m)	barnāme	برنامه
apresentação (f)	namāyeš	نمایش
número (m)	parde	پرده

picadeiro (f)	sahne-ye sirak	صحنه سیرک
pantomima (f)	pāntomim	پانتومیم
palhaço (m)	dalqak	دلقک

acrobata (m)	ākrobāt	آکروبات
acrobacia (f)	band-e bāzi	بند بازی
ginasta (m)	žimināstik kār	ژیمناستیک کار
ginástica (f)	žimināstik	ژیمناستیک
salto (m) mortal	salto	سالتو

homem (m) forte	qavi heykal	قوی هیکل
domador (m)	rām konande	رام کننده
cavaleiro (m) equilibrista	savārkār	سوارکار
assistente (m)	dastyār	دستیار

truque (m)	širin kāri	شیرین کاری
truque (m) de mágica	šo'bade bāzi	شعبده بازی
ilusionista (m)	šo'bade bāz	شعبده باز

malabarista (m)	tardast	تردست
fazer malabarismos	tardasti kardan	تردستی کردن
adestrador (m)	morabbi-ye heyvānāt	مربی حیوانات
adestramento (m)	ta'lim heyvānāt	تعلیم حیوانات
adestrar (vt)	tarbiyat kardan	تربیت کردن

129. Música. Música popular

música (f)	musiqi	موسیقی
músico (m)	muzisiyan	موزیسین
instrumento (m) musical	abzār-e musiqi	ابزار موسیقی
tocar ...	navāxtan	نواختن

guitarra (f)	gitār	گیتار
violino (m)	viyolon	ویولون
violoncelo (m)	viyolonsel	ویولون سل
contrabaixo (m)	konterbās	کنترباس
harpa (f)	čang	چنگ

piano (m)	piyāno	پیانو
piano (m) de cauda	piyāno-e bozorg	پیانوی بزرگ
órgão (m)	arg	ارگ

instrumentos (m pl) de sopro	sāzhā-ye bādi	سازهای بادی
oboé (m)	abva	ابوا
saxofone (m)	saksofon	ساکسوفون
clarinete (m)	qare ney	قره نی
flauta (f)	folut	فلوت
trompete (m)	šeypur	شیپور

| acordeão (m) | ākordeon | آکوردئون |
| tambor (m) | tabl | طبل |

| dueto (m) | daste-ye do nafare | دسته دو نفره |
| trio (m) | daste-ye se nafar-i | دستهٔ سه نفری |

quarteto (m)	daste-ye čāhārnafari	دستهٔ چهارنفری
coro (m)	kar	کر
orquestra (f)	orkesr	ارکستر
música (f) pop	musiqi-ye pāp	موسیقی پاپ
música (f) rock	musiqi-ye rāk	موسیقی راک
grupo (m) de rock	goruh-e rāk	گروه راک
jazz (m)	jāz	جاز
ídolo (m)	mahbub	محبوب
fã, admirador (m)	havādār	هوادار
concerto (m)	konsert	کنسرت
sinfonia (f)	samfoni	سمفونی
composição (f)	tasnif	تصنیف
compor (vt)	tasnif kardan	تصنیف کردن
canto (m)	āvāz	آواز
canção (f)	tarāne	ترانه
melodia (f)	āhang	آهنگ
ritmo (m)	ritm	ریتم
blues (m)	musiqi-ye boluz	موسیقی بلوز
notas (f pl)	daftar-e not	دفتر نت
batuta (f)	čub-e rahbari	چوب رهبری
arco (m)	ārše	آرشه
corda (f)	sim	سیم
estojo (m)	qalāf	غلاف

Descanso. Entretenimento. Viagens

130. Viagens

turismo (m)	gardešgari	گردشگری
turista (m)	turist	توریست
viagem (f)	mosāferat	مسافرت
aventura (f)	mājarā	ماجرا
percurso (curta viagem)	safar	سفر
férias (f pl)	moraxxasi	مرخصی
estar de férias	dar moraxassi budan	در مرخصی بودن
descanso (m)	esterāhat	استراحت
trem (m)	qatār	قطار
de trem (chegar ~)	bā qatār	با قطار
avião (m)	havāpeymā	هواپیما
de avião	bā havāpeymā	با هواپیما
de carro	bā otomobil	با اتومبیل
de navio	dar kešti	با کشتی
bagagem (f)	bār	بار
mala (f)	čamedān	چمدان
carrinho (m)	čarx-e hamle bar	چرخ حمل بار
passaporte (m)	gozarnāme	گذرنامه
visto (m)	ravādid	روادید
passagem (f)	belit	بلیط
passagem (f) aérea	belit-e havāpeymā	بلیط هواپیما
guia (m) de viagem	ketāb-e rāhnamā	کتاب راهنما
mapa (m)	naqše	نقشه
área (f)	mahal	محل
lugar (m)	jā	جا
exotismo (m)	qarāyeb	غرایب
exótico (adj)	qarib	غریب
surpreendente (adj)	heyrat angiz	حیرت انگیز
grupo (m)	goruh	گروه
excursão (f)	gardeš	گردش
guia (m)	rāhnamā-ye tur	راهنمای تور

131. Hotel

hotel (m)	hotel	هتل
motel (m)	motel	متل
três estrelas	se setāre	سه ستاره

| cinco estrelas | panj setāre | پنج ستاره |
| ficar (vi, vt) | māndan | ماندن |

quarto (m)	otāq	اتاق
quarto (m) individual	otāq-e yeknafare	اتاق یک نفره
quarto (m) duplo	otāq-e do nafare	اتاق دو نفره
reservar um quarto	otāq rezerv kardan	اتاق رزرو کردن

| meia pensão (f) | nim pānsiyon | نیم پانسیون |
| pensão (f) completa | pānsiyon | پانسیون |

com banheira	bā vān	با وان
com chuveiro	bā duš	با دوش
televisão (m) por satélite	televiziyon-e māhvārei	تلویزیون ماهواره ای
ar (m) condicionado	tahviye-ye matbu'	تهویه مطبوع
toalha (f)	howle	حوله
chave (f)	kelid	کلید

administrador (m)	edāre-ye konande	اداره کننده
camareira (f)	mostaxdem	مستخدم
bagageiro (m)	bārbar	باربر
porteiro (m)	darbān	دربان

restaurante (m)	resturān	رستوران
bar (m)	bār	بار
café (m) da manhã	sobhāne	صبحانه
jantar (m)	šām	شام
bufê (m)	bufe	بوفه

| saguão (m) | lābi | لابی |
| elevador (m) | āsānsor | آسانسور |

| NÃO PERTURBE | mozāhem našavid | مزاحم نشوید |
| PROIBIDO FUMAR! | sigār kešidan mamnu' | سیگار کشیدن ممنوع |

132. Livros. Leitura

livro (m)	ketāb	کتاب
autor (m)	moallef	مؤلف
escritor (m)	nevisande	نویسنده
escrever (~ um livro)	neveštan	نوشتن

leitor (m)	xānande	خواننده
ler (vt)	xāndan	خواندن
leitura (f)	motāle'e	مطالعه

| para si | be ārāmi | به آرامی |
| em voz alta | boland | بلند |

publicar (vt)	montašer kardan	منتشر کردن
publicação (f)	entešār	انتشار
editor (m)	nāšer	ناشر
editora (f)	entešārāt	انتشارات
sair (vi)	montašer šodan	منتشر شدن

lançamento (m)	našr	نشر
tiragem (f)	tirāž	تیراژ
livraria (f)	ketāb-foruši	کتاب فروشی
biblioteca (f)	ketābxāne	کتابخانه
novela (f)	dāstān	داستان
conto (m)	hekāyat	حکایت
romance (m)	ramān	رمان
romance (m) policial	dastane jenai	داستان جنایی
memórias (f pl)	xāterāt	خاطرات
lenda (f)	afsāne	افسانه
mito (m)	osture	اسطوره
poesia (f)	šeʿr	شعر
autobiografia (f)	zendegināme	زندگینامه
obras (f pl) escolhidas	āsār-e montaxab	آثار منتخب
ficção (f) científica	elmi-ye taxayyoli	علمی تخیلی
título (m)	onvān	عنوان
introdução (f)	moqaddame	مقدمه
folha (f) de rosto	safhe-ye onvān	صفحه عنوان
capítulo (m)	fasl	فصل
excerto (m)	gozide	گزیده
episódio (m)	qesmat	قسمت
enredo (m)	suže	سوژه
conteúdo (m)	mazmun	مضمون
índice (m)	fehrest	فهرست
protagonista (m)	qahremān-e asli	قهرمان اصلی
volume (m)	jeld	جلد
capa (f)	jeld	جلد
encadernação (f)	sahhāfi	صحافی
marcador (m) de página	čub-e alef	چوب الف
página (f)	safhe	صفحه
folhear (vt)	varaq zadan	ورق زدن
margem (f)	hāšiye	حاشیه
anotação (f)	hāšiye nevisi	حاشیه نویسی
nota (f) de rodapé	pāvaraqi	پاورقی
texto (m)	matn	متن
fonte (f)	font	فونت
falha (f) de impressão	qalat čāpi	غلط چاپی
tradução (f)	tarjome	ترجمه
traduzir (vt)	tarjome kardan	ترجمه کردن
original (m)	nosxe-ye asli	نسخهٔ اصلی
famoso (adj)	mašhur	مشهور
desconhecido (adj)	nāšenāxte	ناشناخته
interessante (adj)	jāleb	جالب
best-seller (m)	por foruš	پر فروش

dicionário (m)	farhang-e loqat	فرهنگ لغت
livro (m) didático	ketāb-e darsi	کتاب درسی
enciclopédia (f)	dāyeratolma'āref	دایره المعارف

133. Caça. Pesca

caça (f)	šekār	شکار
caçar (vi)	šekār kardan	شکار کردن
caçador (m)	šekārči	شکارچی

disparar, atirar (vi)	tirandāzi kardan	تیراندازی کردن
rifle (m)	tofang	تفنگ
cartucho (m)	fešang	فشنگ
chumbo (m) de caça	sāčme	ساچمه

armadilha (f)	tale	تله
armadilha (com corda)	dām	دام
cair na armadilha	dar tale oftādan	در تله افتادن
pôr a armadilha	tale gozāštan	تله گذاشتن

caçador (m) furtivo	šekārči-ye qeyr-e qānuni	شکارچی غیر قانونی
caça (animais)	šekār	شکار
cão (m) de caça	sag-e šekāri	سگ شکاری
safári (m)	safar-e ektešāfi āfriqā	سفر اکتشافی آفریقا
animal (m) empalhado	heyvān-e model	حیوان مدل

pescador (m)	māhigir	ماهیگیر
pesca (f)	māhigiri	ماهیگیری
pescar (vt)	māhi gereftan	ماهی گرفتن

vara (f) de pesca	čub māhi gir-i	چوب ماهی گیری
linha (f) de pesca	nax-e māhigiri	نخ ماهیگیری
anzol (m)	qollāb	قلاب

| boia (f), flutuador (m) | šenāvar | شناور |
| isca (f) | to'me | طعمه |

| lançar a linha | qollāb andāxtan | قلاب انداختن |
| morder (peixe) | gāz gereftan | گاز گرفتن |

| pesca (f) | seyd | صید |
| buraco (m) no gelo | surāx dar yax | سوراخ درِ یخ |

| rede (f) | tur | تور |
| barco (m) | qāyeq | قایق |

pescar com rede	bā tur-e māhi gereftan	با تورماهی گرفتن
lançar a rede	tur andāxtan	تور انداختن
puxar a rede	tur rā birun āvardan	تور را بیرون آوردن
cair na rede	be tur oftādan	به تور افتادن

baleeiro (m)	seyād-e nahang	صیاد نهنگ
baleeira (f)	kešti-ye seyd-e nahang	کشتی صید نهنگ
arpão (m)	neyze	نیزه

134. Jogos. Bilhar

bilhar (m)	bilyārd	بيليارد
sala (f) de bilhar	otāq-e bilyārd	اتاق بيليارد
bola (f) de bilhar	tup	توپ
embolsar uma bola	tup vāred-e pākat kardan	توپ وارد پاکت کردن
taco (m)	čub-e bilyārd	چوب بيليارد
caçapa (f)	pākat	پاکت

135. Jogos. Jogar cartas

ouros (m pl)	xešt	خشت
espadas (f pl)	peyk	پيک
copas (f pl)	del	دل
paus (m pl)	xāj	خاج
ás (m)	tak xāl	تک خال
rei (m)	šāh	شاه
dama (f), rainha (f)	bi bi	بى بى
valete (m)	sarbāz	سرباز
carta (f) de jogar	varaq	ورق
cartas (f pl)	varaq	ورق
trunfo (m)	xāl-e hokm	خال حکم
baralho (m)	daste-ye varaq	دستهٔ ورق
ponto (m)	xāl	خال
dar, distribuir (vt)	varaq dādan	ورق دادن
embaralhar (vt)	bar zadan	بر زدن
vez, jogada (f)	harekat	حرکت
trapaceiro (m)	moteqalleb	متقلب

136. Descanso. Jogos. Diversos

passear (vi)	gardeš kardan	گردش کردن
passeio (m)	gardeš	گردش
viagem (f) de carro	siyāhat	سياحت
aventura (f)	mājarā	ماجرا
piquenique (m)	pik nik	پيک نيک
jogo (m)	bāzi	بازى
jogador (m)	bāzikon	بازيکن
partida (f)	dor-e bazi	دوربازى
colecionador (m)	kolleksiyoner	کلکسيونر
colecionar (vt)	jam'-e āvari kardan	جمع آورى کردن
coleção (f)	koleksiyon	کلکسيون
palavras (f pl) cruzadas	kalamāt-e moteqāte'	کلمات متقاطع
hipódromo (m)	meydān-e asb-e davāni	ميدان اسب دوانى

discoteca (f)	disko	ديسكو
sauna (f)	sonā	سونا
loteria (f)	baxt-e āzmāyi	بخت آزمايى

campismo (m)	rāh peymāyi	راه پيمايى
acampamento (m)	ordugāh	اردوگاه
barraca (f)	čādor	چادر
bússola (f)	qotb namā	قطب نما
campista (m)	kamp nešin	كمپ نشين

ver (vt), assistir à ...	tamāšā kardan	تماشا كردن
telespectador (m)	tamāšāči	تماشاچى
programa (m) de TV	barnāme-ye televiziyoni	برنامه تلويزيونى

137. Fotografia

| máquina (f) fotográfica | durbin-e akkāsi | دوربين عكاسى |
| foto, fotografia (f) | aks | عكس |

fotógrafo (m)	akkās	عكاس
estúdio (m) fotográfico	ātolye-ye akkāsi	آتليهٔ عكاسى
álbum (m) de fotografias	ālbom-e aks	آلبوم عكس

lente (f) fotográfica	lenz-e durbin	لنز دوربين
lente (f) teleobjetiva	lenz-e tale-ye foto	لنز تله فوتو
filtro (m)	filter	فيلتر
lente (f)	lenz	لنز

ótica (f)	optik	اپتيك
abertura (f)	diyāfrāgm	ديافراگم
exposição (f)	sor'at-e bāz šodan-e lenz	سرعت بازشدن لنز
visor (m)	namā yāb	نما ياب

câmera (f) digital	durbin-e dijitāl	دوربين ديجيتال
tripé (m)	se pāye	سه پايه
flash (m)	feleš	فلش

fotografar (vt)	akkāsi kardan	عكاسى كردن
tirar fotos	aks gereftan	عكس گرفتن
fotografar-se (vr)	aks gereftan	عكس گرفتن

foco (m)	noqte-ye kānuni	نقطه كانونى
focar (vt)	motemarkez kardan	متمركز كردن
nítido (adj)	vāzeh	واضح
nitidez (f)	vozuh	وضوح

| contraste (m) | konterāst | كنتراست |
| contrastante (adj) | konterāst | كنتراست |

retrato (m)	aks	عكس
negativo (m)	film-e negātiv	فيلم نگاتيو
filme (m)	film	فيلم
fotograma (m)	čārcub	چارچوب
imprimir (vt)	čāp kardan	چاپ كردن

138. Praia. Natação

praia (f)	peláž	پلاژ
areia (f)	šen	شن
deserto (adj)	xāli	خالی

bronzeado (m)	hammām-e āftāb	حمام آفتاب
bronzear-se (vr)	hammām-e āftāb gereftan	حمام آفتاب گرفتن
bronzeado (adj)	boronze	برنزه
protetor (m) solar	kerem-e zedd-e āftāb	کرم ضد آفتاب

biquíni (m)	māyo-ye do tekke	مایوی دو تکه
maiô (m)	māyo	مایو
calção (m) de banho	māyo	مایو

piscina (f)	estaxr	استخر
nadar (vi)	šenā kardan	شنا کردن
chuveiro (m), ducha (f)	duš	دوش
mudar, trocar (vt)	lebās avaz kardan	لباس عوض کردن
toalha (f)	howle	حوله

barco (m)	qāyeq	قایق
lancha (f)	qāyeq-e motori	قایق موتوری
esqui (m) aquático	eski-ye ruy-ye āb	اسکی روی آب
barco (m) de pedais	qāyeq-e pedāli	قایق پدالی
surf, surfe (m)	mowj savāri	موج سواری
surfista (m)	mowj savār	موج سوار

equipamento (m) de mergulho	eskowba	اسکوبا
pé (m pl) de pato	bālehā-ye qavvāsi	باله های غواصی
máscara (f)	māsk	ماسک
mergulhador (m)	qavvās	غواص
mergulhar (vi)	širje raftan	شیرجه رفتن
debaixo d'água	zir-e ābi	زیر آبی

guarda-sol (m)	čatr	چتر
espreguiçadeira (f)	sandali-ye rāhati	صندلی راحتی
óculos (m pl) de sol	eynak āftābi	عینک آفتابی
colchão (m) de ar	tošak-e ābi	تشک آبی

| brincar (vi) | bāzi kardan | بازی کردن |
| ir nadar | ābtani kardan | آبتنی کردن |

bola (f) de praia	tup	توپ
encher (vt)	bād kardan	باد کردن
inflável (adj)	bādi	بادی

onda (f)	mowj	موج
boia (f)	šenāvar	شناور
afogar-se (vr)	qarq šodan	غرق شدن

salvar (vt)	najāt dādan	نجات دادن
colete (m) salva-vidas	jeliqe-ye nejāt	جلیقة نجات
observar (vt)	mošāhede kardan	مشاهده کردن
salva-vidas (pessoa)	nejāt-e dahande	نجات دهنده

EQUIPAMENTO TÉCNICO. TRANSPORTES

Equipamento técnico. Transportes

139. Computador

computador (m)	kãmpiyuter	کامپیوتر
computador (m) portátil	lap tãp	لپ تاپ
ligar (vt)	rowšan kardan	روشن کردن
desligar (vt)	xãmuš kardan	خاموش کردن
teclado (m)	sahfe kelid	صمفه کلید
tecla (f)	kelid	کلید
mouse (m)	mãows	ماوس
tapete (m) para mouse	mãows pad	ماوس پد
botão (m)	dokme	دکمه
cursor (m)	makãn namã	مکان نما
monitor (m)	monitor	مونیتور
tela (f)	safhe	صفحه
disco (m) rígido	hãrd disk	هارد دیسک
capacidade (f) do disco rígido	hajm-e hard	حجم هارد
memória (f)	hãfeze	حافظه
memória RAM (f)	hãfeze-ye ram	حافظه رم
arquivo (m)	parvande	پرونده
pasta (f)	puše	پوشه
abrir (vt)	bãz kardan	باز کردن
fechar (vt)	bastan	بستن
salvar (vt)	zaxire kardan	ذخیره کردن
deletar (vt)	hazf kardan	حذف کردن
copiar (vt)	kopi kardan	کپی کردن
ordenar (vt)	tabaqe bandi kardan	طبقه بندی کردن
copiar (vt)	kopi kardan	کپی کردن
programa (m)	barnãme	برنامه
software (m)	narm afzãr	نرم افزار
programador (m)	barnãme-ye nevis	برنامه نویس
programar (vt)	barnãme-nevisi kardan	برنامه نویسی کردن
hacker (m)	haker	هکر
senha (f)	kalame-ye obur	کلمه عبور
vírus (m)	virus	ویروس
detectar (vt)	peydã kardan	پیدا کردن
byte (m)	bãyt	بایت

megabyte (m)	megābāyt	مگابایت
dados (m pl)	dāde-hā	داده ها
base (f) de dados	pāygāh dāde-hā	پایگاه داده ها

cabo (m)	kābl	کابل
desconectar (vt)	jodā kardan	جدا کردن
conectar (vt)	vasl kardan	وصل کردن

140. Internet. E-mail

internet (f)	internet	اینترنت
browser (m)	morurgar	مرورگر
motor (m) de busca	motor-e jostoju	موتور جستجو
provedor (m)	erāe-ye dehande	ارائه دهنده

webmaster (m)	tarrāh-e vebsāyt	طراح وب سایت
website (m)	veb-sāyt	وب سایت
web page (f)	safhe-ye veb	صفحه وب

| endereço (m) | nešāni | نشانی |
| livro (m) de endereços | daftarče-ye nešāni | دفترچه نشانی |

caixa (f) de correio	sanduq-e post	صندوق پست
correio (m)	post	پست
cheia (caixa de correio)	por	پر

mensagem (f)	payām	پیام
mensagens (f pl) recebidas	payāmhā-ye vorudi	پیامهای ورودی
mensagens (f pl) enviadas	payāmhā-ye xoruji	پیامهای خروجی

remetente (m)	ferestande	فرستنده
enviar (vt)	ferestādan	فرستادن
envio (m)	ersāl	ارسال

| destinatário (m) | girande | گیرنده |
| receber (vt) | gereftan | گرفتن |

| correspondência (f) | mokātebe | مکاتبه |
| corresponder-se (vr) | mokātebe kardan | مکاتبه کردن |

arquivo (m)	parvande	پرونده
fazer download, baixar (vt)	dānlod kardan	دانلود کردن
criar (vt)	ijād kardan	ایجاد کردن
deletar (vt)	hazf kardan	حذف کردن
deletado (adj)	hazf šode	حذف شده

conexão (f)	ertebāt	ارتباط
velocidade (f)	sor'at	سرعت
modem (m)	modem	مودم
acesso (m)	dastyābi	دستیابی
porta (f)	dargāh	درگاه

| conexão (f) | ertebāt | ارتباط |
| conectar (vi) | vasl šodan | وصل شدن |

| escolher (vt) | entexāb kardan | انتخاب کردن |
| buscar (vt) | jostoju kardan | جستجو کردن |

Transportes

141. Avião

avião (m)	havāpeymā	هواپیما
passagem (f) aérea	belit-e havāpeymā	بلیط هواپیما
companhia (f) aérea	šerkat-e havāpeymāyi	شرکت هواپیمایی
aeroporto (m)	forudgāh	فرودگاه
supersônico (adj)	māvarā sowt	ماوراء صوت
comandante (m) do avião	kāpitān	کاپیتان
tripulação (f)	xadame	خدمه
piloto (m)	xalabān	خلبان
aeromoça (f)	mehmāndār-e havāpeymā	مهماندار هواپیما
copiloto (m)	nāvbar	ناویر
asas (f pl)	bāl-hā	بال ها
cauda (f)	dam	دم
cabine (f)	kābin	کابین
motor (m)	motor	موتور
trem (m) de pouso	šāssi	شاسی
turbina (f)	turbin	توربین
hélice (f)	parvāne	پروانه
caixa-preta (f)	ja'be-ye siyāh	جبه سیاه
coluna (f) de controle	farmān	فرمان
combustível (m)	suxt	سوخت
instruções (f pl) de segurança	dasturol'amal	دستورالعمل
máscara (f) de oxigênio	māsk-e oksižen	ماسک اکسیژن
uniforme (m)	oniform	اونیفورم
colete (m) salva-vidas	jeliqe-ye nejāt	جلیقهٔ نجات
paraquedas (m)	čatr-e nejāt	چتر نجات
decolagem (f)	parvāz	پرواز
descolar (vi)	parvāz kardan	پرواز کردن
pista (f) de decolagem	bānd-e forudgāh	باند فرودگاه
visibilidade (f)	meydān did	میدان دید
voo (m)	parvāz	پرواز
altura (f)	ertefā'	ارتفاع
poço (m) de ar	čāle-ye havāyi	چاله هوایی
assento (m)	jā	جا
fone (m) de ouvido	guši	گوشی
mesa (f) retrátil	sini-ye tāšow	سینی تاشو
janela (f)	panjere	پنجره
corredor (m)	rāhrow	راهرو

142. Comboio

trem (m)	qatār	قطار
trem (m) elétrico	qatār-e barqi	قطار برقی
trem (m)	qatār-e sari'osseyr	قطارسریع السیر
locomotiva (f) diesel	lokomotiv-e dizel	لوکوموتیو دیزل
locomotiva (f) a vapor	lokomotiv-e boxar	لوکوموتیو بخار
vagão (f) de passageiros	vāgon	واگن
vagão-restaurante (m)	vāgon-e resturān	واگن رستوران
carris (m pl)	reyl-hā	ریل ها
estrada (f) de ferro	rāh āhan	راه آهن
travessa (f)	reyl-e band	ریل بند
plataforma (f)	sakku-ye rāh-āhan	سکوی راه آهن
linha (f)	masir	مسیر
semáforo (m)	nešanar	نشانبر
estação (f)	istgāh	ایستگاه
maquinista (m)	rānande	راننده
bagageiro (m)	bārbar	باربر
hospedeiro, -a (m, f)	rāhnamā-ye qatār	راهنمای قطار
passageiro (m)	mosāfer	مسافر
revisor (m)	kontorol či	کنترل چی
corredor (m)	rāhrow	راهرو
freio (m) de emergência	tormoz-e ezterāri	ترمز اضطراری
compartimento (m)	kupe	کوپه
cama (f)	taxt-e kupe	تخت کوپه
cama (f) de cima	taxt-e bālā	تخت بالا
cama (f) de baixo	taxt-e pāyin	تخت پایین
roupa (f) de cama	raxt-e xāb	رخت خواب
passagem (f)	belit	بلیط
horário (m)	barnāme	برنامه
painel (m) de informação	barnāme-ye zamāni	برنامه زمانی
partir (vt)	tark kardan	ترک کردن
partida (f)	harekat	حرکت
chegar (vi)	residan	رسیدن
chegada (f)	vorud	ورود
chegar de trem	bā qatār āmadan	با قطار آمدن
pegar o trem	savār-e qatār šodan	سوار قطار شدن
descer de trem	az qatār piyāde šodan	از قطار پیاده شدن
acidente (m) ferroviário	sānehe	سانحه
descarrilar (vi)	az xat xārej šodan	از خط خارج شدن
locomotiva (f) a vapor	lokomotiv-e boxar	لوکوموتیو بخار
foguista (m)	ātaškār	آتشکار
fornalha (f)	ātašdān	آتشدان
carvão (m)	zoqāl sang	زغال سنگ

143. Barco

navio (m)	kešti	کشتی
embarcação (f)	kešti	کشتی
barco (m) a vapor	kešti-ye boxāri	کشتی بخاری
barco (m) fluvial	qāyeq-e rudxāne	قایق رودخانه
transatlântico (m)	kešti-ye tafrihi	کشتی تفریحی
cruzeiro (m)	razm nāv	رزم ناو
iate (m)	qāyeq-e tafrihi	قایق تفریحی
rebocador (m)	yadak keš	یدک کش
barcaça (f)	kešti-ye bārkeše yadaki	کشتی بارکش یدکی
ferry (m)	kešti-ye farābar	کشتی فرابر
veleiro (m)	kešti-ye bādbāni	کشتی بادبانی
bergantim (m)	košti dozdān daryā-yi	کشتی دزدان دریایی
quebra-gelo (m)	kešti-ye yaxšekan	کشتی یخ شکن
submarino (m)	zirdaryāyi	زیردریایی
bote, barco (m)	qāyeq	قایق
baleeira (bote salva-vidas)	qāyeq-e tafrihi	قایق تفریحی
bote (m) salva-vidas	qāyeq-e nejāt	قایق نجات
lancha (f)	qāyeq-e motori	قایق موتوری
capitão (m)	kāpitān	کاپیتان
marinheiro (m)	malavān	ملوان
marujo (m)	malavān	ملوان
tripulação (f)	xadame	خدمه
contramestre (m)	sar malavān	سر ملوان
grumete (m)	šāgerd-e malavān	شاگرد ملوان
cozinheiro (m) de bordo	āšpaz-e kešti	آشپز کشتی
médico (m) de bordo	pezešk-e kešti	پزشک کشتی
convés (m)	arše-ye kešti	عرشۀ کشتی
mastro (m)	dakal	دکل
vela (f)	bādbān	بادبان
porão (m)	anbār	انبار
proa (f)	sine-ye kešti	سینه کشتی
popa (f)	aqab kešti	عقب کشتی
remo (m)	pāru	پارو
hélice (f)	parvāne	پروانه
cabine (m)	otāq-e kešti	اتاق کشتی
sala (f) dos oficiais	otāq-e afsarān	اتاق افسران
sala (f) das máquinas	motor xāne	موتور خانه
ponte (m) de comando	pol-e farmāndehi	پل فرماندهی
sala (f) de comunicações	kābin-e bisim	کابین بی سیم
onda (f)	mowj	موج
diário (m) de bordo	roxdād nāme	رخداد نامه
luneta (f)	teleskop	تلسکوپ
sino (m)	nāqus	ناقوس

bandeira (f)	parčam	پرچم
cabo (m)	tanāb	طناب
nó (m)	gereh	گره
corrimão (m)	narde	نرده
prancha (f) de embarque	pol	پل
âncora (f)	langar	لنگر
recolher a âncora	langar kešidan	لنگر کشیدن
jogar a âncora	langar andāxtan	لنگر انداختن
amarra (corrente de âncora)	zanjir-e langar	زنجیر لنگر
porto (m)	bandar	بندر
cais, amarradouro (m)	eskele	اسکله
atracar (vi)	pahlu gereftan	پهلو گرفتن
desatracar (vi)	tark kardan	ترک کردن
viagem (f)	mosāferat	مسافرت
cruzeiro (m)	safar-e daryāyi	سفر دریایی
rumo (m)	masir	مسیر
itinerário (m)	masir	مسیر
canal (m) de navegação	kešti-ye ru	کشتی رو
banco (m) de areia	mahall-e kam omq	محل کم عمق
encalhar (vt)	be gel nešastan	به گل نشستن
tempestade (f)	tufān	طوفان
sinal (m)	alāmat	علامت
afundar-se (vr)	qarq šodan	غرق شدن
Homem ao mar!	kas-i dar hāl-e qarq šodan-ast!	کسی در حال غرق شدن است!
SOS	sos	SOS
boia (f) salva-vidas	kamarband-e nejāt	کمربند نجات

144. Aeroporto

aeroporto (m)	forudgāh	فرودگاه
avião (m)	havāpeymā	هواپیما
companhia (f) aérea	šerkat-e havāpeymāyi	شرکت هواپیمایی
controlador (m) de tráfego aéreo	ma'mur-e kontorol-e terāfik-e havāyi	مأمور کنترل ترافیک هوایی
partida (f)	azimat	عزیمت
chegada (f)	vorud	ورود
chegar (vi)	residan	رسیدن
hora (f) de partida	zamān-e parvāz	زمان پرواز
hora (f) de chegada	zamān-e vorud	زمان ورود
estar atrasado	ta'xir kardan	تأخیر کردن
atraso (m) de voo	ta'xir-e parvāz	تأخیر پرواز
painel (m) de informação	tāblo-ye ettelā'āt	تابلوی اطلاعات
informação (f)	ettelā'āt	اطلاعات

| anunciar (vt) | e'lām kardan | اعلام کردن |
| voo (m) | parvāz | پرواز |

| alfândega (f) | gomrok | گمرک |
| funcionário (m) da alfândega | ma'mur-e gomrok | مأمور گمرک |

declaração (f) alfandegária	ežhār-nāme	اظهارنامه
preencher (vt)	por kardan	پر کردن
preencher a declaração	ezhār-nāme rā por kardan	اظهارنامه را پر کردن
controle (m) de passaporte	kontorol-e gozarnāme	کنترل گذرنامه

bagagem (f)	bār	بار
bagagem (f) de mão	bār-e dasti	بار دستی
carrinho (m)	čarx-e hamle bar	چرخ حمل بار

pouso (m)	forud	فرود
pista (f) de pouso	bānd-e forudgāh	باند فرودگاه
aterrissar (vi)	nešastan	نشستن
escada (f) de avião	pellekān	پلکان

check-in (m)	ček in	چک این
balcão (m) do check-in	bāje-ye kontorol	باجه کنترل
fazer o check-in	čekin kardan	چکاین کردن
cartão (m) de embarque	kārt-e parvāz	کارت پرواز
portão (m) de embarque	gi-yat xoruj	گیت خروج

trânsito (m)	terānzit	ترانزیت
esperar (vi, vt)	montazer budan	منتظر بودن
sala (f) de espera	tālār-e entezār	تالار انتظار
despedir-se (acompanhar)	badraqe kardan	بدرقه کردن
despedir-se (dizer adeus)	xodāhāfezi kardan	خداحافظی کردن

145. Bicicleta. Motocicleta

bicicleta (f)	dočarxe	دوچرخه
lambreta (f)	eskuter	اسکوتر
moto (f)	motorsiklet	موتورسیکلت

ir de bicicleta	bā dočarxe raftan	با دوچرخه رفتن
guidão (m)	farmān-e dočarxe	فرمان دوچرخه
pedal (m)	pedāl	پدال
freios (m pl)	tormoz	ترمز
banco, selim (m)	zin	زین

| bomba (f) | pomp | پمپ |
| bagageiro (m) de teto | tarakband | ترکبند |

| lanterna (f) | čerāq-e jelo | چراغ جلو |
| capacete (m) | kolāh-e imeni | کلاه ایمنی |

roda (f)	čarx	چرخ
para-choque (m)	golgir	گلگیر
aro (m)	towqe	طوقه
raio (m)	parre	پره

Carros

146. Tipos de carros

carro, automóvel (m)	otomobil	اتومبیل
carro (m) esportivo	otomobil-e varzeši	اتومبیل ورزشی
limusine (f)	limozin	لیموزین
todo o terreno (m)	jip	جیپ
conversível (m)	kābriyole	کابریوله
minibus (m)	mini bus	مینی بوس
ambulância (f)	āmbolāns	آمبولانس
limpa-neve (m)	māšin-e barfrub	ماشین برف روب
caminhão (m)	kāmiyon	کامیون
caminhão-tanque (m)	tānker	تانکر
perua, van (f)	kāmiyon	کامیون
caminhão-trator (m)	tereyler	تریلر
reboque (m)	yadak	یدک
confortável (adj)	rāhat	راحت
usado (adj)	dast-e dovvom	دست دوم

147. Carros. Carroçaria

capô (m)	kāput	کاپوت
para-choque (m)	golgir	گلگیر
teto (m)	saqf	سقف
para-brisa (m)	šiše-ye jelo	شیشه جلو
retrovisor (m)	āyene-ye did-e aqab	آینه دید عقب
esguicho (m)	pak konande	پاک کننده
limpadores (m) de para-brisas	barf pāk kon	برف پاک کن
vidro (m) lateral	šiše-ye baqal	شیشهٔ بغل
elevador (m) do vidro	šiše bālābar	شیشه بالابر
antena (f)	ānten	آنتن
teto (m) solar	sanrof	سانروف
para-choque (m)	separ	سپر
porta-malas (f)	sanduq-e aqab	صندوق عقب
bagageira (f)	bārband	باربند
porta (f)	darb	درب
maçaneta (f)	dastgire-ye dar	دستگیرهٔ در
fechadura (f)	qofl	قفل
placa (f)	pelāk	پلاک
silenciador (m)	xafe kon	خفه کن

tanque (m) de gasolina	bāk-e benzin	باک بنزین
tubo (m) de exaustão	lule-ye egzoz	لولۀ اگزوز
acelerador (m)	gāz	گاز
pedal (m)	pedāl	پدال
pedal (m) do acelerador	pedāl-e gāz	پدال گاز
freio (m)	tormoz	ترمز
pedal (m) do freio	pedāl-e tormoz	پدال ترمز
frear (vt)	tormoz kardan	ترمز کردن
freio (m) de mão	tormoz-e dasti	ترمز دستی
embreagem (f)	kelāč	کلاچ
pedal (m) da embreagem	pedāl-e kelāč	پدال کلاچ
disco (m) de embreagem	disk-e kelāč	دیسک کلاچ
amortecedor (m)	komak-e fanar	کمک فنر
roda (f)	čarx	چرخ
pneu (m) estepe	zāpās	زاپاس
calota (f)	qālpāq	قالپاق
rodas (f pl) motrizes	čarxhā-ye moharrek	چرخ های محرک
de tração dianteira	mehvarhā-ye jelo	محورهای جلو
de tração traseira	mehvarhā-ye aqab	محورهای عقب
de tração às 4 rodas	tamām-e čarx	تمام چرخ
caixa (f) de mudanças	ja'be-ye dande	جعبۀ دنده
automático (adj)	otumātik	اتوماتیک
mecânico (adj)	mekāniki	مکانیکی
alavanca (f) de câmbio	ahrom-e ja'be dande	اهرم جعبۀ دنده
farol (m)	čerāq-e jelo	چراغ جلو
faróis (m pl)	čerāq-hā	چراغ ها
farol (m) baixo	nur-e pāin	نور پائین
farol (m) alto	nur-e bālā	نور بالا
luzes (f pl) de parada	čerāq-e tormoz	چراغ ترمز
luzes (f pl) de posição	čerāqhā-ye pārk	چراغ های پارک
luzes (f pl) de emergência	čerāqha-ye xatar	چراغ های خطر
faróis (m pl) de neblina	čerāqhā-ye meh-e šekan	چراغ های مه شکن
pisca-pisca (m)	čerāq-e rāhnamā	چراغ راهنما
luz (f) de marcha ré	čerāq-e dande-ye aqab	چراغ دنده عقب

148. Carros. Habitáculo

interior (do carro)	dāxel-e xodrow	داخل خودرو
de couro	čarmi	چرمی
de veludo	maxmali	مخملی
estofamento (m)	tuduzi	تودوزی
indicador (m)	abzār	ابزار
painel (m)	safhe-ye dāšbord	صفحه داشبورد
velocímetro (m)	sor'at sanj	سرعت سنج

ponteiro (m)	aqrabe	عقربه
hodômetro, odômetro (m)	kilumetr-e šomār	کیلومتر شمار
indicador (m)	nešāngar	نشانگر
nível (m)	sath	سطح
luz (f) de aviso	lāmp	لامپ

volante (m)	farmān	فرمان
buzina (f)	buq	بوق
botão (m)	dokme	دکمه
interruptor (m)	kelid	کلید

assento (m)	sandali	صندلی
costas (f pl) do assento	pošti-ye sandali	پشتی صندلی
cabeceira (f)	zir-e seri	زیر سری
cinto (m) de segurança	kamarband-e imeni	کمربند ایمنی
apertar o cinto	kamarband rā bastan	کمربند را بستن
ajuste (m)	tanzim	تنظیم

| airbag (m) | kise-ye havā | کیسه هوا |
| ar (m) condicionado | tahviye-ye matbu' | تهویه مطبوع |

rádio (m)	rādiyo	رادیو
leitor (m) de CD	paxš konande-ye si di	پخش کننده سی دی
ligar (vt)	rowšan kardan	روشن کردن
antena (f)	ānten	آنتن
porta-luvas (m)	dāšbord	داشبورد
cinzeiro (m)	zir-sigāri	زیرسیگاری

149. Carros. Motor

motor (m)	motor	موتور
a diesel	dizel	دیزل
a gasolina	benzin	بنزین

cilindrada (f)	hajm-e motor	حجم موتور
potência (f)	niru	نیرو
cavalo (m) de potência	asb-e boxār	اسب بخار
pistão (m)	pistun	پیستون
cilindro (m)	silandr	سیلندر
válvula (f)	supāp	سوپاپ

injetor (m)	anžektor	انژکتور
gerador (m)	ženerātor	ژنراتور
carburador (m)	kārborātor	کاربراتور
óleo (m) de motor	rowqan-e motor	روغن موتور

radiador (m)	rādiyātor	رادیاتور
líquido (m) de arrefecimento	māye-'e sard konande	مایع سرد کننده
ventilador (m)	fan-e xonak konande	فن خنک کننده

bateria (f)	bātri-ye māšin	باتری ماشین
dispositivo (m) de arranque	estārt	استارت
ignição (f)	ehterāq	احتراق
vela (f) de ignição	šam'-e motor	شمع موتور

terminal (m)	pāyāne	پایانه
terminal (m) positivo	mosbat	مثبت
terminal (m) negativo	manfi	منفی
fusível (m)	fiyuz	فیوز
filtro (m) de ar	filter-e havā	فیلتر هوا
filtro (m) de óleo	filter-e rowqan	فیلتر روغن
filtro (m) de combustível	filter-e suxt	فیلتر سوخت

150. Carros. Batidas. Reparação

acidente (m) de carro	tasādof	تصادف
acidente (m) rodoviário	tasādof	تصادف
bater (~ num muro)	barxord kardan	برخورد کردن
sofrer um acidente	tasādof kardan	تصادف کردن
dano (m)	āsib	آسیب
intato	sālem	سالم
pane (f)	xarābi	خرابی
avariar (vi)	xarāb šodan	خراب شدن
cabo (m) de reboque	sim-e boksel	سیم بکسل
furo (m)	pančar	پنچر
estar furado	pančar šodan	پنچر شدن
encher (vt)	bād kardan	باد کردن
pressão (f)	fešār	فشار
verificar (vt)	barresi kardan	بررسی کردن
reparo (m)	ta'mir	تعمیر
oficina (f) automotiva	ta'mirgāh-e xodro	تعمیرگاه خودرو
peça (f) de reposição	qet'e-ye yadaki	قطعه یدکی
peça (f)	qet'e	قطعه
parafuso (com porca)	pič	پیچ
parafuso (m)	pič	پیچ
porca (f)	mohre	مهره
arruela (f)	vāšer	واشر
rolamento (m)	yātāqān	یاتاقان
tubo (m)	lule	لوله
junta, gaxeta (f)	vāšer	واشر
fio, cabo (m)	sim	سیم
macaco (m)	jak	جک
chave (f) de boca	āčār	آچار
martelo (m)	čakoš	چکش
bomba (f)	pomp	پمپ
chave (f) de fenda	pič gušti	پیچ گوشتی
extintor (m)	kapsul-e ātašnešāni	کپسول آتش نشانی
triângulo (m) de emergência	alāmat-e ehtiyāt	علامت احتیاط
morrer (motor)	xāmuš šodan	خاموش شدن
paragem, "morte" (f)	tavaqqof	توقف

estar quebrado	xarāb budan	خراب بودن
superaquecer-se (vr)	juš āvardan	جوش آوردن
entupir-se (vr)	masdud šodan	مسدود شدن
congelar-se (vr)	yax bastan	یخ بستن
rebentar (vi)	tarakidan	ترکیدن
pressão (f)	fešār	فشار
nível (m)	sath	سطح
frouxo (adj)	za'if	ضعیف
batida (f)	foruraftegi	فرورفتگی
ruído (m)	sedā	صدا
fissura (f)	tarak	ترک
arranhão (m)	xarāš	خراش

151. Carros. Estrada

estrada (f)	rāh	راه
autoestrada (f)	bozorgrāh	بزرگراه
rodovia (f)	āzād-e rāh	آزاد راه
direção (f)	samt	سمت
distância (f)	masāfat	مسافت
ponte (f)	pol	پل
parque (m) de estacionamento	pārking	پارکینگ
praça (f)	meydān	میدان
nó (m) rodoviário	dowr bargardān	دوربرگردان
túnel (m)	tunel	تونل
posto (m) de gasolina	pomp-e benzin	پمپ بنزین
parque (m) de estacionamento	pārking	پارکینگ
bomba (f) de gasolina	pomp-e benzin	پمپ بنزین
oficina (f) automotiva	ta'mirgāh-e xodro	تعمیرگاه خودرو
abastecer (vt)	benzin zadan	بنزین زدن
combustível (m)	suxt	سوخت
galão (m) de gasolina	dabbe	دبه
asfalto (m)	āsfālt	آسفالت
marcação (f) de estradas	alāmat-e gozari	علامت گذاری
meio-fio (m)	labe-ye jadval	لبه جدول
guard-rail (m)	narde	نرده
valeta (f)	juy	جوی
acostamento (m)	kenār rāh	کنار راه
poste (m) de luz	tir-e barq	تیر برق
dirigir (vt)	rāndan	راندن
virar (~ para a direita)	pičidan	پیچیدن
dar retorno	dowr zadan	دور زدن
ré (f)	dande aqab	دنده عقب
buzinar (vi)	buq zadan	بوق زدن
buzina (f)	buq	بوق
atolar-se (vr)	gir kardan	گیر کردن
patinar (na lama)	sor xordan	سر خوردن

desligar (vt)	xāmuš kardan	خاموش کردن
velocidade (f)	sor'at	سرعت
exceder a velocidade	az sor'at-e mojāz gozāštan	از سرعت مجاز گذشتن
multar (vt)	jarime kardan	جریمه کردن
semáforo (m)	čerāq-e rāhnamā	چراغ راهنما
carteira (f) de motorista	govāhi-nāme-ye rānandegi	گواهینامهٔ رانندگی

passagem (f) de nível	taqāto'	تقاطع
cruzamento (m)	čahārrāh	چهارراه
faixa (f)	xatt-e āber-e piyāde	خط عابرپیاده
curva (f)	pič	پیچ
zona (f) de pedestres	mantaqe-ye āber-e piyāde	منطقهٔ عابر پیاده

PESSOAS. EVENTOS

Eventos

152. Férias. Evento

festa (f)	jašn	جشن
feriado (m) nacional	eyd-e melli	عید ملی
feriado (m)	ruz-e jašn	روز جشن
festejar (vt)	jašn gereftan	جشن گرفتن
evento (festa, etc.)	vāqe'e	واقعه
evento (banquete, etc.)	ruydād	رویداد
banquete (m)	ziyāfat	ضیافت
recepção (f)	ziyāfat	ضیافت
festim (m)	jašn	جشن
aniversário (m)	sālgard	سالگرد
jubileu (m)	sālgard	سالگرد
celebrar (vt)	jašn gereftan	جشن گرفتن
Ano (m) Novo	sāl-e now	سال نو
Feliz Ano Novo!	sāl-e now mobārak	سال نو مبارک
Papai Noel (m)	bābā noel	بابا نوئل
Natal (m)	kerismas	کریسمس
Feliz Natal!	kerismas mobārak!	کریسمس مبارک!
árvore (f) de Natal	kāj kerismas	کاج کریسمس
fogos (m pl) de artifício	ātaš-e bāzi	آتش بازی
casamento (m)	arusi	عروسی
noivo (m)	dāmād	داماد
noiva (f)	arus	عروس
convidar (vt)	da'vat kardan	دعوت کردن
convite (m)	da'vatnāme	دعوتنامه
convidado (m)	mehmān	مهمان
visitar (vt)	be mehmāni raftan	به مهمانی رفتن
receber os convidados	az mehmānān esteqbāl kardan	از مهمانان استقبال کردن
presente (m)	hedye	هدیه
oferecer, dar (vt)	hadye dādan	هدیه دادن
receber presentes	hedye gereftan	هدیه گرفتن
buquê (m) de flores	daste-ye gol	دسته گل
felicitações (f pl)	tabrik	تبریک
felicitar (vt)	tabrik goftan	تبریک گفتن

cartão (m) de parabéns	kārt-e tabrik	کارت تبریک
enviar um cartão postal	kārt-e tabrik ferestādan	کارت تبریک فرستادن
receber um cartão postal	kārt-e tabrik gereftan	کارت تبریک گرفتن
brinde (m)	be salāmati-ye kas-i nušidan	به سلامتی کسی نوشیدن
oferecer (vt)	pazirāyi kardan	پذیرایی کردن
champanhe (m)	šāmpāyn	شامپاین
divertir-se (vr)	šādi kardan	شادی کردن
diversão (f)	šādi	شادی
alegria (f)	maserrat	مسرت
dança (f)	raqs	رقص
dançar (vi)	raqsidan	رقصیدن
valsa (f)	raqs-e vāls	رقص والس
tango (m)	raqs tāngo	رقص تانگو

153. Funerais. Enterro

cemitério (m)	qabrestān	قبرستان
sepultura (f), túmulo (m)	qabr	قبر
cruz (f)	salib	صلیب
lápide (f)	sang-e qabr	سنگ قبر
cerca (f)	hesār	حصار
capela (f)	kelisā-ye kučak	کلیسای کوچک
morte (f)	marg	مرگ
morrer (vi)	mordan	مردن
defunto (m)	marhum	مرحوم
luto (m)	azā	عزا
enterrar, sepultar (vt)	dafn kardan	دفن کردن
funerária (f)	xadamat-e kafno dafn	خدمات کفن ودفن
funeral (m)	tašyi-'e jenāze	تشییع جنازه
coroa (f) de flores	tāj-e gol	تاج گل
caixão (m)	tābut	تابوت
carro (m) funerário	na'š keš	نعش کش
mortalha (f)	kafan	کفن
procissão (f) funerária	tašyi-'e jenāze	تشییع جنازه
urna (f) funerária	zarf-e xākestar-e morde	ظرف خاکستر مرده
crematório (m)	morde suz xāne	مرده سوز خانه
obituário (m), necrologia (f)	āgahi-ye tarhim	آگهی ترحیم
chorar (vi)	gerye kardan	گریه کردن
soluçar (vi)	zār zār gerye kardan	زار زارگریه کردن

154. Guerra. Soldados

pelotão (m)	daste	دسته
companhia (f)	goruhān	گروهان

regimento (m)	hang	هنگ
exército (m)	arteš	ارتش
divisão (f)	laškar	لشکر

| esquadrão (m) | daste | دسته |
| hoste (f) | laškar | لشکر |

| soldado (m) | sarbāz | سرباز |
| oficial (m) | afsar | افسر |

soldado (m) raso	sarbāz	سرباز
sargento (m)	goruhbān	گروهبان
tenente (m)	sotvān	ستوان
capitão (m)	kāpitān	کاپیتان
major (m)	sargord	سرگرد
coronel (m)	sarhang	سرهنگ
general (m)	ženerāl	ژنرال

marujo (m)	malavān	ملوان
capitão (m)	kāpitān	کاپیتان
contramestre (m)	sar malavān	سر ملوان

artilheiro (m)	tupči	توپچی
soldado (m) paraquedista	sarbāz-e čatrbāz	سرباز چترباز
piloto (m)	xalabān	خلبان
navegador (m)	nāvbar	ناوبر
mecânico (m)	mekānik	مکانیک

sapador-mineiro (m)	mohandes estehkāmāt	مهندس استحکامات
paraquedista (m)	čatr bāz	چترباز
explorador (m)	ettelā'āti	اطلاعاتی
atirador (m) de tocaia	tak tir andāz	تک تیر انداز

patrulha (f)	gašt	گشت
patrulhar (vt)	gašt zadan	گشت زدن
sentinela (f)	negahbān	نگهبان

| guerreiro (m) | jangju | جنگجو |
| patriota (m) | mihan parast | میهن پرست |

| herói (m) | qahremān | قهرمان |
| heroína (f) | qahremān-e zan | قهرمان زن |

| traidor (m) | xāen | خائن |
| trair (vt) | xiyānat kardan | خیانت کردن |

| desertor (m) | farāri | فراری |
| desertar (vt) | farāri budan | فراری بودن |

mercenário (m)	mozdur	مزدور
recruta (m)	sarbāz-e jadid	سرباز جدید
voluntário (m)	dāvtalab	داوطلب

morto (m)	morde	مرده
ferido (m)	zaxmi	زخمی
prisioneiro (m) de guerra	asir	اسیر

155. Guerra. Ações militares. Parte 1

guerra (f)	jang	جنگ
guerrear (vt)	jangidan	جنگیدن
guerra (f) civil	jang-e dāxeli	جنگ داخلی
perfidamente	xāenāne	خائنانه
declaração (f) de guerra	e'lān-e jang	اعلان جنگ
declarar guerra	e'lān kardan	اعلان کردن
agressão (f)	tajāvoz	تجاوز
atacar (vt)	hamle kardan	حمله کردن
invadir (vt)	tajāvoz kardan	تجاوز کردن
invasor (m)	tajāvozgar	تجاوزگر
conquistador (m)	fāteh	فاتح
defesa (f)	defā'	دفاع
defender (vt)	defā' kardan	دفاع کردن
defender-se (vr)	az xod defā' kardan	از خود دفاع کردن
inimigo (m)	došman	دشمن
adversário (m)	moxālef	مخالف
inimigo (adj)	došman	دشمن
estratégia (f)	rāhbord	راهبرد
tática (f)	tāktik	تاکتیک
ordem (f)	farmān	فرمان
comando (m)	dastur	دستور
ordenar (vt)	farmān dādan	فرمان دادن
missão (f)	ma'muriyat	مأموریت
secreto (adj)	mahramāne	محرمانه
batalha (f)	jang	جنگ
combate (m)	nabard	نبرد
ataque (m)	hamle	حمله
assalto (m)	yureš	یورش
assaltar (vt)	yureš bordan	یورش بردن
assédio, sítio (m)	mohāsere	محاصره
ofensiva (f)	hamle	حمله
tomar à ofensiva	hamle kardan	حمله کردن
retirada (f)	aqab nešini	عقب نشینی
retirar-se (vr)	aqab nešini kardan	عقب نشینی کردن
cerco (m)	mohāsere	محاصره
cercar (vt)	mohāsere kardan	محاصره کردن
bombardeio (m)	bombārān-e havāyi	بمباران هوایی
lançar uma bomba	bomb āndaxtan	بمب انداختن
bombardear (vt)	bombārān kardan	بمباران کردن
explosão (f)	enfejār	انفجار
tiro (m)	tirandāzi	تیراندازی

dar um tiro	tirandāzi kardan	تیراندازی کردن
tiroteio (m)	tirandāzi	تیراندازی
apontar para ...	nešāne raftan	نشانه رفتن
apontar (vt)	šhellik kardan	شلیک کردن
acertar (vt)	residan	رسیدن
afundar (~ um navio, etc.)	qarq šodan	غرق شدن
brecha (f)	surāx	سوراخ
afundar-se (vr)	qarq šodan	غرق شدن
frente (m)	jebhe	جبهه
evacuação (f)	taxliye	تخلیه
evacuar (vt)	taxliye kardan	تخلیه کردن
trincheira (f)	sangar	سنگر
arame (m) enfarpado	sim-e xārdār	سیم خاردار
barreira (f) anti-tanque	hesār	حصار
torre (f) de vigia	borj	برج
hospital (m) militar	bimārestān-e nezāmi	بیمارستان نظامی
ferir (vt)	majruh kardan	مجروح کردن
ferida (f)	zaxm	زخم
ferido (m)	zaxmi	زخمی
ficar ferido	zaxmi šodan	زخمی شدن
grave (ferida ~)	zaxm-e saxt	زخم سخت

156. Armas

arma (f)	selāh	سلاح
arma (f) de fogo	aslahe-ye garm	اسلحهٔ گرم
arma (f) branca	aslahe-ye sard	اسلحهٔ سرد
arma (f) química	taslihāt-e šimiyāyi	تسلیحات شیمیایی
nuclear (adj)	haste i	هسته ای
arma (f) nuclear	taslihāt-e hastei	تسلیحات هسته ای
bomba (f)	bomb	بمب
bomba (f) atômica	bomb-e atomi	بمب اتمی
pistola (f)	kolt	کلت
rifle (m)	tofang	تفنگ
semi-automática (f)	mosalsal-e xodkār	مسلسل خودکار
metralhadora (f)	mosalsal	مسلسل
boca (f)	sar-e lule-ye tofang	سر لوله تفنگ
cano (m)	lule-ye tofang	لوله تفنگ
calibre (m)	kālibr	کالیبر
gatilho (m)	māše	ماشه
mira (f)	nešāne ravi	نشانه روی
carregador (m)	xešāb	خشاب
coronha (f)	qondāq	قنداق
granada (f) de mão	nārenjak	نارنجک

explosivo (m)	mādde-ye monfajere	مادۀ منفجره
bala (f)	golule	گلوله
cartucho (m)	fešang	فشنگ
carga (f)	mohemmāt	مهمات
munições (f pl)	mohemmāt	مهمات

bombardeiro (m)	bomb-afkan	بمبافکن
avião (m) de caça	jangande	جنگنده
helicóptero (m)	helikopter	هلیکوپتر

canhão (m) antiaéreo	tup-e zedd-e havāyi	توپ ضد هوایی
tanque (m)	tānk	تانک
canhão (de um tanque)	tup	توپ

artilharia (f)	tupxāne	توپخانه
canhão (m)	tofang	تفنگ
fazer a pontaria	šhellik kardan	شلیک کردن

projétil (m)	xompāre	خمپاره
granada (f) de morteiro	xompāre	خمپاره
morteiro (m)	xompāre andāz	خمپاره انداز
estilhaço (m)	tarkeš	ترکش

submarino (m)	zirdaryāyi	زیردریایی
torpedo (m)	eždar	اژدر
míssil (m)	mušak	موشک

carregar (uma arma)	por kardan	پر کردن
disparar, atirar (vi)	tirandāzi kardan	تیراندازی کردن
apontar para ...	nešāne raftan	نشانه رفتن
baioneta (f)	sarneyze	سرنیزه

espada (f)	šamšir	شمشیر
sabre (m)	šamšir	شمشیر
lança (f)	neyze	نیزه
arco (m)	kamān	کمان
flecha (f)	tir	تیر
mosquete (m)	tofang fetile-i	تفنگ فتیلهای
besta (f)	kamān zanburak-i	کمان زنبورکی

157. Povos da antiguidade

primitivo (adj)	avvaliye	اولیه
pré-histórico (adj)	piš az tārix	پیش از تاریخ
antigo (adj)	qadimi	قدیمی

Idade (f) da Pedra	asr-e hajar	عصر حجر
Idade (f) do Bronze	asr-e mafraq	عصر مفرغ
Era (f) do Gelo	dowre-ye yaxbandān	دورۀ یخبندان

tribo (f)	qabile	قبیله
canibal (m)	ādam xār	آدم خوار
caçador (m)	šekārči	شکارچی
caçar (vi)	šekār kardan	شکار کردن

mamute (m)	māmut	ماموت
caverna (f)	qār	غار
fogo (m)	ātaš	آتش
fogueira (f)	ātaš	آتش
pintura (f) rupestre	qār negāre	غار نگاره
ferramenta (f)	abzār-e kār	ابزار کار
lança (f)	neyze	نیزه
machado (m) de pedra	tabar-e sangi	تبر سنگی
guerrear (vt)	jangidan	جنگیدن
domesticar (vt)	rām kardan	رام کردن
ídolo (m)	bot	بت
adorar, venerar (vt)	parastidan	پرستیدن
superstição (f)	xorāfe	خرافه
ritual (m)	marāsem	مراسم
evolução (f)	takāmol	تکامل
desenvolvimento (m)	pišraft	پیشرفت
extinção (f)	enqerāz	انقراض
adaptar-se (vr)	sāzgār šodan	سازگار شدن
arqueologia (f)	bāstān-šenāsi	باستان شناسی
arqueólogo (m)	bāstān-šenās	باستان شناس
arqueológico (adj)	bāstān-šenāsi	باستان شناسی
escavação (sítio)	mahall-e haffārihā	محل حفاری ها
escavações (f pl)	haffāri-hā	حفاری ها
achado (m)	yāfteh	یافته
fragmento (m)	qet'e	قطعه

158. Idade média

povo (m)	mellat	ملت
povos (m pl)	mellat-hā	ملت ها
tribo (f)	qabile	قبیله
tribos (f pl)	qabāyel	قبایل
bárbaros (pl)	barbar-hā	بربر ها
galeses (pl)	gul-hā	گول ها
godos (pl)	gat-hā	گت ها
eslavos (pl)	eslāv-hā	اسلاو ها
viquingues (pl)	vāyking-hā	وایکینگ ها
romanos (pl)	rumi-hā	رومی ها
romano (adj)	rumi	رومی
bizantinos (pl)	bizānsi-hā	بیزانسی ها
Bizâncio	bizāns	بیزانس
bizantino (adj)	bizānsi	بیزانسی
imperador (m)	emperātur	امپراطور
líder (m)	rahbar	رهبر
poderoso (adj)	moqtader	مقتدر

rei (m)	šāh	شاه
governante (m)	hākem	حاكم
cavaleiro (m)	šovālie	شوالیه
senhor feudal (m)	feodāl	فئودال
feudal (adj)	feodāli	فئودالی
vassalo (m)	ra'yat	رعیت
duque (m)	duk	دوک
conde (m)	kont	کنت
barão (m)	bāron	بارون
bispo (m)	osqof	اسقف
armadura (f)	zereh	زره
escudo (m)	separ	سپر
espada (f)	šamšir	شمشیر
viseira (f)	labe-ye kolāh	لبه کلاه
cota (f) de malha	jowšan	جوشن
cruzada (f)	jang-e salibi	جنگ صلیبی
cruzado (m)	jangju-ye salibi	جنگجوی صلیبی
território (m)	qalamrow	قلمرو
atacar (vt)	hamle kardan	حمله کردن
conquistar (vt)	fath kardan	فتح کردن
ocupar, invadir (vt)	ešqāl kardan	اشغال کردن
assédio, sítio (m)	mohāsere	محاصره
sitiado (adj)	mahsur	محصور
assediar, sitiar (vt)	mohāsere kardan	محاصره کردن
inquisição (f)	taftiš-e aqāyed	تفتیش عقاید
inquisidor (m)	mofatteš	مفتش
tortura (f)	šekanje	شکنجه
cruel (adj)	bi rahm	بی رحم
herege (m)	molhed	ملحد
heresia (f)	ertedād	ارتداد
navegação (f) marítima	daryānavardi	دریانوردی
pirata (m)	dozd-e daryāyi	دزد دریایی
pirataria (f)	dozdi-ye daryāyi	دزدی دریایی
abordagem (f)	hamle ruye arše	حمله روی عرشه
presa (f), butim (m)	qanimat	غنیمت
tesouros (m pl)	ganj	گنج
descobrimento (m)	kašf	کشف
descobrir (novas terras)	kašf kardan	کشف کردن
expedição (f)	safar	سفر
mosqueteiro (m)	tofangdār	تفنگدار
cardeal (m)	kārdināl	کاردینال
heráldica (f)	nešān-šenāsi	نشان شناسی
heráldico (adj)	manquš	منقوش

159. Líder. Chefe. Autoridades

rei (m)	šāh	شاه
rainha (f)	maleke	ملکه
real (adj)	šāhi	شاهی
reino (m)	pādšāhi	پادشاهی
príncipe (m)	šāhzāde	شاهزاده
princesa (f)	pranses	پرنسس
presidente (m)	ra'is jomhur	رئیس جمهور
vice-presidente (m)	mo'āven-e rais-e jomhur	معاون رئیس جمهور
senador (m)	senātor	سناتور
monarca (m)	pādšāh	پادشاه
governante (m)	hākem	حاکم
ditador (m)	diktātor	دیکتاتور
tirano (m)	zālem	ظالم
magnata (m)	najib zāde	نجیب زاده
diretor (m)	modir	مدیر
chefe (m)	ra'is	رئیس
gerente (m)	modir	مدیر
patrão (m)	ra'is	رئیس
dono (m)	sāheb	صاحب
líder (m)	rahbar	رهبر
chefe (m)	ra'is	رئیس
autoridades (f pl)	maqāmāt	مقامات
superiores (m pl)	roasā	رؤسا
governador (m)	farmāndār	فرماندار
cônsul (m)	konsul	کنسول
diplomata (m)	diplomāt	دیپلمات
Presidente (m) da Câmara	šahrdār	شهردار
xerife (m)	kalāntar	کلانتر
imperador (m)	emperātur	امپراطور
czar (m)	tezār	تزار
faraó (m)	fer'own	فرعون
cã, khan (m)	xān	خان

160. Violação da lei. Criminosos. Parte 1

bandido (m)	rāhzan	راهزن
crime (m)	jenāyat	جنایت
criminoso (m)	jenāyatkār	جنایتکار
ladrão (m)	dozd	دزد
roubar (vt)	dozdidan	دزدیدن
roubo (atividade)	dozdi	دزدی
furto (m)	serqat	سرقت
raptar, sequestrar (vt)	ādam robudan	آدم ربودن

sequestro (m)	ādam robāyi	آدم ربایی
sequestrador (m)	ādam robā	آدم ربا
resgate (m)	bāj	باج
pedir resgate	bāj xāstan	باج خواستن
roubar (vt)	serqat kardan	سرقت کردن
assalto, roubo (m)	serqat	سرقت
assaltante (m)	qāratgar	غارتگر
extorquir (vt)	axxāzi kardan	اخاذی کردن
extorsionário (m)	axxāz	اخاذ
extorsão (f)	axxāzi	اخاذی
matar, assassinar (vt)	koštan	کشتن
homicídio (m)	qatl	قتل
homicida, assassino (m)	qātel	قاتل
tiro (m)	tirandāzi	تیراندازی
dar um tiro	tirandāzi kardan	تیراندازی کردن
matar a tiro	bā tir zadan	با تیر زدن
disparar, atirar (vi)	tirandāzi kardan	تیراندازی کردن
tiroteio (m)	tirandāzi	تیراندازی
incidente (m)	vāqe'e	واقعه
briga (~ de rua)	zad-o xord	زد و خورد
Socorro!	komak!	کمک!
vítima (f)	qorbāni	قربانی
danificar (vt)	xesārat resāndan	خسارت رساندن
dano (m)	xesārat	خسارت
cadáver (m)	jasad	جسد
grave (adj)	vaxim	وخیم
atacar (vt)	hamle kardan	حمله کردن
bater (espancar)	zadan	زدن
espancar (vt)	kotak zadan	کتک زدن
tirar, roubar (dinheiro)	bezur gereftan	به زور گرفتن
esfaquear (vt)	čāqu zadan	چاقو زدن
mutilar (vt)	ma'yub kardan	معیوب کردن
ferir (vt)	majruh kardan	مجروح کردن
chantagem (f)	šāntāž	شانتاژ
chantagear (vt)	axxāzi kardan	اخاذی کردن
chantagista (m)	axxāz	اخاذ
extorsão (f)	axxāzi	اخاذی
extorsionário (m)	axxāz	اخاذ
gângster (m)	gāngester	گانگستر
máfia (f)	māfiyā	مافیا
punguista (m)	jib bor	جیب بر
assaltante, ladrão (m)	sāreq	سارق
contrabando (m)	qāčāq	قاچاق
contrabandista (m)	qāčāqči	قاچاقچی
falsificação (f)	qollābi	قلابی

falsificar (vt)	ja'l kardan	جعل کردن
falsificado (adj)	ja'li	جعلی

161. Violação da lei. Criminosos. Parte 2

estupro (m)	tajāvoz be nāmus	تجاوز به ناموس
estuprar (vt)	tajāvoz kardan	تجاوز کردن
estuprador (m)	zenā konande	زنا کننده
maníaco (m)	majnun	مجنون
prostituta (f)	fāheše	فاحشه
prostituição (f)	fāhešegi	فاحشگی
cafetão (m)	jākeš	جاکش
drogado (m)	mo'tād	معتاد
traficante (m)	forušande-ye mavādd-e moxadder	فروشندهٔ مواد مخدر
explodir (vt)	monfajer kardan	منفجر کردن
explosão (f)	enfejār	انفجار
incendiar (vt)	ātaš zadan	آتش زدن
incendiário (m)	ātaš afruz	آتش افروز
terrorismo (m)	terorism	تروریسم
terrorista (m)	terorist	تروریست
refém (m)	gerowgān	گروگان
enganar (vt)	farib dādan	فریب دادن
engano (m)	farib	فریب
vigarista (m)	hoqqe bāz	حقه باز
subornar (vt)	rešve dādan	رشوه دادن
suborno (atividade)	rešve	رشوه
suborno (dinheiro)	rešve	رشوه
veneno (m)	zahr	زهر
envenenar (vt)	masmum kardan	مسموم کردن
envenenar-se (vr)	masmum šodan	مسموم شدن
suicídio (m)	xod-koši	خودکشی
suicida (m)	xod-koši konande	خودکشی کننده
ameaçar (vt)	tahdid kardan	تهدید کردن
ameaça (f)	tahdid	تهدید
atentar contra a vida de ...	su'-e qasd kardan	سوء قصد کردن
atentado (m)	su'-e qasd	سوء قصد
roubar (um carro)	robudan	ربودن
sequestrar (um avião)	havāpeymā robāyi	هواپیما ربایی
vingança (f)	enteqām	انتقام
vingar (vt)	enteqām gereftan	انتقام گرفتن
torturar (vt)	šekanje dādan	شکنجه دادن
tortura (f)	šekanje	شکنجه

atormentar (vt)	aziyat kardan	اذیت کردن
pirata (m)	dozd-e daryāyi	دزد دریایی
desordeiro (m)	owbāš	اوباش
armado (adj)	mosallah	مسلح
violência (f)	xošunat	خشونت
ilegal (adj)	qeyr-e qānuni	غیر قانونی
espionagem (f)	jāsusi	جاسوسی
espionar (vi)	jāsusi kardan	جاسوسی کردن

162. Polícia. Lei. Parte 1

justiça (sistema de ~)	edālat	عدالت
tribunal (m)	dādgāh	دادگاه
juiz (m)	qāzi	قاضی
jurados (m pl)	hey'at-e monsefe	هیئت منصفه
tribunal (m) do júri	hey'at-e monsefe	هیئت منصفه
julgar (vt)	mohākeme kardan	محاکمه کردن
advogado (m)	vakil	وکیل
réu (m)	mottaham	متهم
banco (m) dos réus	jāygāh-e mottaham	جایگاه متهم
acusação (f)	ettehām	اتهام
acusado (m)	mottaham	متهم
sentença (f)	hokm	حکم
sentenciar (vt)	mahkum kardan	محکوم کردن
culpado (m)	moqasser	مقصر
punir (vt)	mojāzāt kardan	مجازات کردن
punição (f)	mojāzāt	مجازات
multa (f)	jarime	جریمه
prisão (f) perpétua	habs-e abad	حبس ابد
pena (f) de morte	e'dām	اعدام
cadeira (f) elétrica	sandali-ye barqi	صندلی برقی
forca (f)	čube-ye dār	چوبه دار
executar (vt)	e'dām kardan	اعدام کردن
execução (f)	e'dām	اعدام
prisão (f)	zendān	زندان
cela (f) de prisão	sellul-e zendān	سلول زندان
escolta (f)	eskort	اسکورت
guarda (m) prisional	negahbān zendān	نگهبان زندان
preso, prisioneiro (m)	zendāni	زندانی
algemas (f pl)	dastband	دستبند
algemar (vt)	dastband zadan	دستبند زدن
fuga, evasão (f)	farār	فرار
fugir (vi)	farār kardan	فرار کردن

desaparecer (vi)	nāpadid šodan	ناپدید شدن
soltar, libertar (vt)	āzād kardan	آزاد کردن
anistia (f)	afv-e omumi	عفو عمومی

polícia (instituição)	polis	پلیس
polícia (m)	polis	پلیس
delegacia (f) de polícia	kalāntari	کلانتری
cassetete (m)	bātum	باتوم
megafone (m)	bolandgu	بلندگو

carro (m) de patrulha	mašin-e gašt	ماشین گشت
sirene (f)	āžir-e xatar	آژیر خطر
ligar a sirene	āžir rā rowšan kardan	آژیررا روشن کردن
toque (m) da sirene	sedā-ye āžir	صدای آژیر

cena (f) do crime	mahall-e jenāyat	محل جنایت
testemunha (f)	šāhed	شاهد
liberdade (f)	āzādi	آزادی
cúmplice (m)	hamdast	همدست
escapar (vi)	maxfi šodan	مخفی شدن
traço (não deixar ~s)	rad	رد

163. Polícia. Lei. Parte 2

procura (f)	jostoju	جستجو
procurar (vt)	jostoju kardan	جستجو کردن
suspeita (f)	šok	شک
suspeito (adj)	maškuk	مشکوک
parar (veículo, etc.)	motevaghef kardan	متوقف کردن
deter (fazer parar)	dastgir kardan	دستگیر کردن

caso (~ criminal)	parvande	پرونده
investigação (f)	tahqiq	تحقیق
detetive (m)	kārāgāh	کارآگاه
investigador (m)	bāzpors	بازپرس
versão (f)	farziye	فرضیه

motivo (m)	angize	انگیزه
interrogatório (m)	bāzporsi	بازپرسی
interrogar (vt)	bāzporsi kardan	بازپرسی کردن
questionar (vt)	estentāq kardan	استنطاق کردن
verificação (f)	taftiš	تفتیش

batida (f) policial	mohāsere	محاصره
busca (f)	taftiš	تفتیش
perseguição (f)	ta'qib	تعقیب
perseguir (vt)	ta'qib kardan	تعقیب کردن
seguir, rastrear (vt)	donbāl kardan	دنبال کردن

prisão (f)	bāzdāšt	بازداشت
prender (vt)	bāzdāšt kardan	بازداشت کردن
pegar, capturar (vt)	dastgir kardan	دستگیر کردن
captura (f)	dastgiri	دستگیری
documento (m)	sanad	سند

prova (f)	esbāt	اثبات
provar (vt)	esbāt kardan	اثبات کردن
pegada (f)	rad-e pā	رد پا
impressões (f pl) digitais	asar-e angošt	اثر انگشت
prova (f)	šavāhed	شواهد

álibi (m)	ozr-e qeybat	عذر غیبت
inocente (adj)	bi gonāh	بی گناه
injustiça (f)	bi edālati	بی عدالتی
injusto (adj)	qeyr-e ādelāne	غیر عادلانه

criminal (adj)	jenāyi	جنایی
confiscar (vt)	mosādere kardan	مصادره کردن
droga (f)	mavādd-e moxadder	مواد مخدر
arma (f)	selāh	سلاح
desarmar (vt)	xal'-e selāh kardan	خلع سلاح کردن
ordenar (vt)	farmān dādan	فرمان دادن
desaparecer (vi)	nāpadid šodan	ناپدید شدن

lei (f)	qānun	قانون
legal (adj)	qānuni	قانونی
ilegal (adj)	qeyr-e qānuni	غیر قانونی

responsabilidade (f)	mas'uliyat	مسئولیت
responsável (adj)	mas'ul	مسئول

NATUREZA

A Terra. Parte 1

164. Espaço sideral

espaço, cosmo (m)	fazā	فضا
espacial, cósmico (adj)	fazāyi	فضایی
espaço (m) cósmico	fazā-ye keyhān	فضای کیهان
mundo (m)	jahān	جهان
universo (m)	giti	گیتی
galáxia (f)	kahkešān	کهکشان
estrela (f)	setāre	ستاره
constelação (f)	surat-e falaki	صورت فلکی
planeta (m)	sayyāre	سیاره
satélite (m)	māhvāre	ماهواره
meteorito (m)	sang-e āsmāni	سنگ آسمانی
cometa (m)	setāre-ye donbāle dār	ستارهٔ دنباله دار
asteroide (m)	šahāb	شهاب
órbita (f)	madār	مدار
girar (vi)	gardidan	گردیدن
atmosfera (f)	jav	جو
Sol (m)	āftāb	آفتاب
Sistema (m) Solar	manzume-ye šamsi	منظومه شمسی
eclipse (m) solar	kosuf	کسوف
Terra (f)	zamin	زمین
Lua (f)	māh	ماه
Marte (m)	merrix	مریخ
Vênus (f)	zahre	زهره
Júpiter (m)	moštari	مشتری
Saturno (m)	zohal	زحل
Mercúrio (m)	atārod	عطارد
Urano (m)	orānus	اورانوس
Netuno (m)	nepton	نپتون
Plutão (m)	poloton	پلوتون
Via Láctea (f)	kahkešān rāh-e širi	کهکشان راه شیری
Ursa Maior (f)	dobb-e akbar	دب اکبر
Estrela Polar (f)	setāre-ye qotbi	ستاره قطبی
marciano (m)	merrixi	مریخی
extraterrestre (m)	farā zamini	فرا زمینی

alienígena (m)	mowjud fazāyi	موجود فضايى
disco (m) voador	bošqāb-e parande	بشقاب پرنده
espaçonave (f)	fazā peymā	فضا پيما
estação (f) orbital	istgāh-e fazāyi	ايستگاه فضايى
lançamento (m)	rāh andāzi	راه اندازى
motor (m)	motor	موتور
bocal (m)	nāzel	نازل
combustível (m)	suxt	سوخت
cabine (f)	kābin	كابين
antena (f)	ānten	آنتن
vigia (f)	panjere	پنجره
bateria (f) solar	bātri-ye xoršidi	باطرى خورشيدى
traje (m) espacial	lebās-e fazānavardi	لباس فضانوردى
imponderabilidade (f)	bi vazni	بى وزنى
oxigênio (m)	oksižen	اكسيژن
acoplagem (f)	vasl	وصل
fazer uma acoplagem	vasl kardan	وصل كردن
observatório (m)	rasadxāne	رصدخانه
telescópio (m)	teleskop	تلسكوپ
observar (vt)	mošāhede kardan	مشاهده كردن
explorar (vt)	kašf kardan	كشف كردن

165. A Terra

Terra (f)	zamin	زمين
globo terrestre (Terra)	kare-ye zamin	كرۀ زمين
planeta (m)	sayyāre	سياره
atmosfera (f)	jav	جو
geografia (f)	joqrāfiyā	جغرافيا
natureza (f)	tabi'at	طبيعت
globo (mapa esférico)	kare-ye joqrāfiyāyi	كرۀ جغرافيايى
mapa (m)	naqše	نقشه
atlas (m)	atlas	اطلس
Europa (f)	orupā	اروپا
Ásia (f)	āsiyā	آسيا
África (f)	āfriqā	آفريقا
Austrália (f)	ostorāliyā	استراليا
América (f)	emrikā	امريكا
América (f) do Norte	emrikā-ye šomāli	امريكاى شمالى
América (f) do Sul	emrikā-ye jonubi	امريكاى جنوبى
Antártida (f)	qotb-e jonub	قطب جنوب
Ártico (m)	qotb-e šomāl	قطب شمال

166. Pontos cardeais

norte (m)	šomāl	شمال
para norte	be šomāl	به شمال
no norte	dar šomāl	در شمال
do norte (adj)	šomāli	شمالی
sul (m)	jonub	جنوب
para sul	be jonub	به جنوب
no sul	dar jonub	در جنوب
do sul (adj)	jonubi	جنوبی
oeste, ocidente (m)	qarb	غرب
para oeste	be qarb	به غرب
no oeste	dar qarb	در غرب
ocidental (adj)	qarbi	غربی
leste, oriente (m)	šarq	شرق
para leste	be šarq	به شرق
no leste	dar šarq	در شرق
oriental (adj)	šarqi	شرقی

167. Mar. Oceano

mar (m)	daryā	دریا
oceano (m)	oqyānus	اقیانوس
golfo (m)	xalij	خلیج
estreito (m)	tange	تنگه
terra (f) firme	zamin	زمین
continente (m)	qāre	قاره
ilha (f)	jazire	جزیره
península (f)	šeb-e jazire	شبه جزیره
arquipélago (m)	majma'-ol-jazāyer	مجمع‌الجزایر
baía (f)	xalij-e kučak	خلیج کوچک
porto (m)	langargāh	لنگرگاه
lagoa (f)	mordāb	مرداب
cabo (m)	damāqe	دماغه
atol (m)	jazire-ye marjāni	جزیره مرجانی
recife (m)	tappe-ye daryāyi	تپه دریایی
coral (m)	marjān	مرجان
recife (m) de coral	tappe-ye marjāni	تپه مرجانی
profundo (adj)	amiq	عمیق
profundidade (f)	omq	عمق
abismo (m)	partgāh	پرتگاه
fossa (f) oceânica	derāz godāl	درازگودال
corrente (f)	jaryān	جریان
banhar (vt)	ehāte kardan	احاطه کردن

litoral (m)	sāhel	ساحل
costa (f)	sāhel	ساحل
maré (f) alta	mod	مد
refluxo (m)	jazr	جزر
restinga (f)	sāhel-e šeni	ساحل شنی
fundo (m)	qa'r	قعر
onda (f)	mowj	موج
crista (f) da onda	nok	نوک
espuma (f)	kaf	کف
tempestade (f)	tufān-e daryāyi	طوفان دریایی
furacão (m)	tufān	طوفان
tsunami (m)	sonāmi	سونامی
calmaria (f)	sokun-e daryā	سکون دریا
calmo (adj)	ārām	آرام
polo (m)	qotb	قطب
polar (adj)	qotbi	قطبی
latitude (f)	arz-e joqrāfiyāyi	عرض جغرافیایی
longitude (f)	tul-e joqrāfiyāyi	طول جغرافیایی
paralela (f)	movāzi	موازی
equador (m)	xatt-e ostavā	خط استوا
céu (m)	āsemān	آسمان
horizonte (m)	ofoq	افق
ar (m)	havā	هوا
farol (m)	fānus-e daryāyi	فانوس دریایی
mergulhar (vi)	širje raftan	شیرجه رفتن
afundar-se (vr)	qarq šodan	غرق شدن
tesouros (m pl)	ganj	گنج

168. Montanhas

montanha (f)	kuh	کوه
cordilheira (f)	rešte-ye kuh	رشته کوه
serra (f)	selsele-ye jebāl	سلسله جبال
cume (m)	qolle	قله
pico (m)	qolle	قله
pé (m)	dāmane-ye kuh	دامنهٔ کوه
declive (m)	šib	شیب
vulcão (m)	ātaš-fešān	آتشفشان
vulcão (m) ativo	ātaš-fešān-e fa'āl	آتش فشان فعال
vulcão (m) extinto	ātaš-fešān-e xāmuš	آتش فشان خاموش
erupção (f)	favarān	فوران
cratera (f)	dahāne-ye ātašfešān	دهانهٔ آتش فشان
magma (m)	māgmā	ماگما
lava (f)	godāze	گدازه

fundido (lava ~a)	godãxte	گداخته
cânion, desfiladeiro (m)	tange	تنگه
garganta (f)	darre-ye tang	دره تنگ
fenda (f)	tange	تنگه
precipício (m)	partgãh	پرتگاه
passo, colo (m)	gozargãh	گذرگاه
planalto (m)	falãt	فلات
falésia (f)	saxre	صخره
colina (f)	tappe	تپه
geleira (f)	yaxčãl	یخچال
cachoeira (f)	ãbšãr	آبشار
gêiser (m)	češme-ye ãb-e garm	چشمهٔ آب گرم
lago (m)	daryãče	دریاچه
planície (f)	jolge	جلگه
paisagem (f)	manzare	منظره
eco (m)	en'ekãs-e sowt	انعکاس صوت
alpinista (m)	kuhnavard	کوهنورد
escalador (m)	saxre-ye navard	صخره نورد
conquistar (vt)	fath kardan	فتح کردن
subida, escalada (f)	so'ud	صعود

169. Rios

rio (m)	rudxãne	رودخانه
fonte, nascente (f)	češme	چشمه
leito (m) de rio	bastar	بستر
bacia (f)	howze	حوضه
desaguar no ...	rixtan	ریختن
afluente (m)	enše'ãb	انشعاب
margem (do rio)	sãhel	ساحل
corrente (f)	jaryãn	جریان
rio abaixo	be samt-e pãin-e rudxãne	به سمت پائین رودخانه
rio acima	be samt-e bãlã-ye rudxãne	به سمت بالای رودخانه
inundação (f)	seyl	سیل
cheia (f)	toqyãn	طغیان
transbordar (vi)	toqyãn kardan	طغیان کردن
inundar (vt)	toqyãn kardan	طغیان کردن
banco (m) de areia	tangãb	تنگاب
corredeira (f)	tondãb	تندآب
barragem (f)	sad	سد
canal (m)	kãnãl	کانال
reservatório (m) de água	maxzan-e ãb	مخزن آب
eclusa (f)	ãbgir	آبگیر
corpo (m) de água	maxzan-e ãb	مخزن آب
pântano (m)	bãtlãq	باتلاق

| lamaçal (m) | lajan zār | لجن زار |
| redemoinho (m) | gerdāb | گرداب |

riacho (m)	ravad	رود
potável (adj)	āšāmidani	آشامیدنی
doce (água)	širin	شیرین

| gelo (m) | yax | یخ |
| congelar-se (vr) | yax bastan | یخ بستن |

170. Floresta

| floresta (f), bosque (m) | jangal | جنگل |
| florestal (adj) | jangali | جنگلی |

mata (f) fechada	jangal-e anbuh	جنگل انبوه
arvoredo (m)	biše	بیشه
clareira (f)	marqzār	مرغزار

| matagal (m) | biše-hā | بیشه ها |
| mato (m), caatinga (f) | bute zār | بوته زار |

| pequena trilha (f) | kure-ye rāh | کوره راه |
| ravina (f) | darre | دره |

árvore (f)	deraxt	درخت
folha (f)	barg	برگ
folhagem (f)	šāx-o barg	شاخ و برگ

queda (f) das folhas	barg rizi	برگ ریزی
cair (vi)	rixtan	ریختن
topo (m)	nok	نوک

ramo (m)	šāxe	شاخه
galho (m)	šāxe	شاخه
botão (m)	šokufe	شکوفه
agulha (f)	suzan	سوزن
pinha (f)	maxrut-e kāj	مخروط کاج

buraco (m) de árvore	surāx	سوراخ
ninho (m)	lāne	لانه
toca (f)	lāne	لانه

tronco (m)	tane	تنه
raiz (f)	riše	ریشه
casca (f) de árvore	pust	پوست
musgo (m)	xaze	خزه

arrancar pela raiz	rišekan kardan	ریشه کن کردن
cortar (vt)	boridan	بریدن
desflorestar (vt)	boridan	بریدن
toco, cepo (m)	kande-ye deraxt	کندۀ درخت
fogueira (f)	ātaš	آتش
incêndio (m) florestal	ātaš suzi	آتش سوزی

apagar (vt)	xāmuš kardan	خاموش کردن
guarda-parque (m)	jangal bān	جنگل بان
proteção (f)	mohāfezat	محافظت
proteger (a natureza)	mohāfezat kardan	محافظت کردن
caçador (m) furtivo	šekārči-ye qeyr-e qānuni	شکارچی غیر قانونی
armadilha (f)	tale	تله
colher (cogumelos, bagas)	čidan	چیدن
perder-se (vr)	gom šodan	گم شدن

171. Recursos naturais

recursos (m pl) naturais	manābe-'e tabii	منابع طبیعی
minerais (m pl)	mavādd-e ma'dani	مواد معدنی
depósitos (m pl)	tah nešast	ته نشست
jazida (f)	meydān	میدان
extrair (vt)	estexrāj kardan	استخراج کردن
extração (f)	estexrāj	استخراج
minério (m)	sang-e ma'dani	سنگ معدنی
mina (f)	ma'dan	معدن
poço (m) de mina	ma'dan	معدن
mineiro (m)	ma'danči	معدنچی
gás (m)	gāz	گاز
gasoduto (m)	lule-ye gāz	لولۀ گاز
petróleo (m)	naft	نفت
oleoduto (m)	lule-ye naft	لولۀ نفت
poço (m) de petróleo	čāh-e naft	چاه نفت
torre (f) petrolífera	dakal-e haffāri	دکل حفاری
petroleiro (m)	tānker	تانکر
areia (f)	šen	شن
calcário (m)	sang-e āhak	سنگ آهک
cascalho (m)	sangrize	سنگریزه
turfa (f)	turb	تورب
argila (f)	xāk-e ros	خاک رس
carvão (m)	zoqāl sang	زغال سنگ
ferro (m)	āhan	آهن
ouro (m)	talā	طلا
prata (f)	noqre	نقره
níquel (m)	nikel	نیکل
cobre (m)	mes	مس
zinco (m)	ruy	روی
manganês (m)	mangenez	منگنز
mercúrio (m)	jive	جیوه
chumbo (m)	sorb	سرب
mineral (m)	mādde-ye ma'dani	مادۀ معدنی
cristal (m)	bolur	بلور
mármore (m)	marmar	مرمر
urânio (m)	orāniyom	اورانیوم

A Terra. Parte 2

172. Tempo

tempo (m)	havā	هوا
previsão (f) do tempo	piš bini havā	پیش بینی هوا
temperatura (f)	damā	دما
termômetro (m)	damāsanj	دماسنج
barômetro (m)	havāsanj	هواسنج
úmido (adj)	martub	مرطوب
umidade (f)	rotubat	رطوبت
calor (m)	garmā	گرما
tórrido (adj)	dāq	داغ
está muito calor	havā xeyli garm ast	هوا خیلی گرم است
está calor	havā garm ast	هوا گرم است
quente (morno)	garm	گرم
está frio	sard ast	سرد است
frio (adj)	sard	سرد
sol (m)	āftāb	آفتاب
brilhar (vi)	tābidan	تابیدن
de sol, ensolarado	āftābi	آفتابی
nascer (vi)	tolu' kardan	طلوع کردن
pôr-se (vr)	qorob kardan	غروب کردن
nuvem (f)	abr	ابر
nublado (adj)	abri	ابری
nuvem (f) preta	abr-e bārānzā	ابر باران زا
escuro, cinzento (adj)	tire	تیره
chuva (f)	bārān	باران
está a chover	bārān mibārad	باران می بارد
chuvoso (adj)	bārāni	بارانی
chuviscar (vi)	nam-nam bāridan	نم نم باریدن
chuva (f) torrencial	bārān šodid	باران شدید
aguaceiro (m)	ragbār	رگبار
forte (chuva, etc.)	šadid	شدید
poça (f)	čāle	چاله
molhar-se (vr)	xis šodan	خیس شدن
nevoeiro (m)	meh	مه
de nevoeiro	meh ālud	مه آلود
neve (f)	barf	برف
está nevando	barf mibārad	برف می بارد

173. Tempo extremo. Catástrofes naturais

trovoada (f)	tufān	طوفان
relâmpago (m)	barq	برق
relampejar (vi)	barq zadan	برق زدن
trovão (m)	ra'd	رعد
trovejar (vi)	qorridan	غریدن
está trovejando	ra'd mizanad	رعد می زند
granizo (m)	tagarg	تگرگ
está caindo granizo	tagarg mibārad	تگرگ می بارد
inundar (vt)	toqyān kardan	طغیان کردن
inundação (f)	seyl	سیل
terremoto (m)	zamin-larze	زمین لرزه
abalo, tremor (m)	tekān	تکان
epicentro (m)	kānun-e zaminlarze	کانون زمین لرزه
erupção (f)	favarān	فوران
lava (f)	godāze	گدازه
tornado (m)	gerdbād	گردباد
tufão (m)	tufān	طوفان
furacão (m)	tufān	طوفان
tempestade (f)	tufān	طوفان
tsunami (m)	sonāmi	سونامی
ciclone (m)	gerdbād	گردباد
mau tempo (m)	havā-ye bad	هوای بد
incêndio (m)	ātaš suzi	آتش سوزی
catástrofe (f)	balā-ye tabi'i	بلای طبیعی
meteorito (m)	sang-e āsmāni	سنگ آسمانی
avalanche (f)	bahman	بهمن
deslizamento (m) de neve	bahman	بهمن
nevasca (f)	kulāk	کولاک
tempestade (f) de neve	barf-o burān	برف و بوران

Fauna

174. Mamíferos. Predadores

predador (m)	heyvān-e darande	حیوان درنده
tigre (m)	bebar	ببر
leão (m)	šir	شیر
lobo (m)	gorg	گرگ
raposa (f)	rubāh	روباه
jaguar (m)	jagvār	جگوار
leopardo (m)	palang	پلنگ
chita (f)	yuzpalang	یوزپلنگ
pantera (f)	palang-e siyāh	پلنگ سیاه
puma (m)	yuzpalang	یوزپلنگ
leopardo-das-neves (m)	palang-e barfi	پلنگ برفی
lince (m)	siyāh guš	سیاه گوش
coiote (m)	gorg-e sahrāyi	گرگ صحرایی
chacal (m)	šoqāl	شغال
hiena (f)	kaftār	کفتار

175. Animais selvagens

animal (m)	heyvān	حیوان
besta (f)	heyvān	حیوان
esquilo (m)	sanjāb	سنجاب
ouriço (m)	xārpošt	خارپشت
lebre (f)	xarguš	خرگوش
coelho (m)	xarguš	خرگوش
texugo (m)	gurkan	گورکن
guaxinim (m)	rākon	راکون
hamster (m)	muš-e bozorg	موش بزرگ
marmota (f)	muš-e xormā-ye kuhi	موش خرمای کوهی
toupeira (f)	muš-e kur	موش کور
rato (m)	muš	موش
ratazana (f)	muš-e sahrāyi	موش صحرایی
morcego (m)	xoffāš	خفاش
arminho (m)	qāqom	قاقم
zibelina (f)	samur	سمور
marta (f)	samur	سمور
doninha (f)	rāsu	راسو
visom (m)	tire-ye rāsu	تیره راسو

| castor (m) | sag-e ābi | سگ آبی |
| lontra (f) | samur ābi | سمور آبی |

cavalo (m)	asb	اسب
alce (m)	gavazn	گوزن
veado (m)	āhu	آهو
camelo (m)	šotor	شتر

bisão (m)	gāvmiš	گاومیش
auroque (m)	gāv miš	گاو میش
búfalo (m)	bufālo	بوفالو

zebra (f)	gurexar	گورخر
antílope (m)	boz-e kuhi	بز کوهی
corça (f)	šukā	شوکا
gamo (m)	qazāl	غزال
camurça (f)	boz-e kuhi	بز کوهی
javali (m)	gorāz	گراز

baleia (f)	nahang	نهنگ
foca (f)	fak	فک
morsa (f)	širmāhi	شیرماهی
urso-marinho (m)	gorbe-ye ābi	گربۀ آبی
golfinho (m)	delfin	دلفین

urso (m)	xers	خرس
urso (m) polar	xers-e sefid	خرس سفید
panda (m)	pāndā	پاندا

macaco (m)	meymun	میمون
chimpanzé (m)	šampānze	شمپانزه
orangotango (m)	orāngutān	اورانگوتان
gorila (m)	guril	گوریل
macaco (m)	mākāk	ماکاک
gibão (m)	gibon	گیبون

elefante (m)	fil	فیل
rinoceronte (m)	kargadan	کرگدن
girafa (f)	zarrāfe	زرافه
hipopótamo (m)	asb-e ābi	اسب آبی

| canguru (m) | kāngoro | کانگورو |
| coala (m) | kovālā | کوالا |

mangusto (m)	xadang	خدنگ
chinchila (f)	čin čila	چین چیلا
cangambá (f)	rāsu-ye badbu	راسوی بدبو
porco-espinho (m)	taši	تشی

176. Animais domésticos

gata (f)	gorbe	گربه
gato (m) macho	gorbe-ye nar	گربۀ نر
cão (m)	sag	سگ

cavalo (m)	asb	اسب
garanhão (m)	asb-e nar	اسب نر
égua (f)	mādiyān	ماديان
vaca (f)	gāv	گاو
touro (m)	gāv-e nar	گاو نر
boi (m)	gāv-e axte	گاو اخته
ovelha (f)	gusfand	گوسفند
carneiro (m)	gusfand-e nar	گوسفند نر
cabra (f)	boz-e mādde	بز ماده
bode (m)	boz-e nar	بز نر
burro (m)	xar	خر
mula (f)	qāter	قاطر
porco (m)	xuk	خوک
leitão (m)	bače-ye xuk	بچۀ خوک
coelho (m)	xarguš	خرگوش
galinha (f)	morq	مرغ
galo (m)	xorus	خروس
pata (f), pato (m)	ordak	اردک
pato (m)	ordak-e nar	اردک نر
ganso (m)	qāz	غاز
peru (m)	buqalamun-e nar	بوقلمون نر
perua (f)	buqalamun-e māde	بوقلمون ماده
animais (m pl) domésticos	heyvānāt-e ahli	حیوانات اهلی
domesticado (adj)	ahli	اهلی
domesticar (vt)	rām kardan	رام کردن
criar (vt)	parvareš dādan	پرورش دادن
fazenda (f)	mazrae	مزرعه
aves (f pl) domésticas	morq-e xānegi	مرغ خانگی
gado (m)	dām	دام
rebanho (m), manada (f)	galle	گله
estábulo (m)	establ	اصطبل
chiqueiro (m)	āqol xuk	آغل خوک
estábulo (m)	āqol gāv	آغل گاو
coelheira (f)	lanye xarguš	لانه خرگوش
galinheiro (m)	morq dāni	مرغ دانی

177. Cães. Raças de cães

cão (m)	sag	سگ
cão pastor (m)	sag-e gele	سگ گله
pastor-alemão (m)	sag-e jerman šeperd	سگ ژرمن شپرد
poodle (m)	pudel	پودل
linguicinha (m)	sag-e pākutāh	سگ پاکوتاه
buldogue (m)	buldāg	بولداگ

boxer (m)	boksor	بوکسور
mastim (m)	māstif	ماستیف
rottweiler (m)	rotveylir	روتویلیر
dóberman (m)	dobermen	دوبرمن
basset (m)	ba's-at	باسیت
pastor inglês (m)	dam čatri	دم چتری
dálmata (m)	dālmāsi	دالماسی
cocker spaniel (m)	kākir spāniyel	کاکیر سپانیيل
terra-nova (m)	nyufāundland	نیوفاوندلند
são-bernardo (m)	sant bernārd	سنت برنارد
husky (m) siberiano	sag-e surtme	سگ سورتمه
Chow-chow (m)	čāu-čāu	چاو-چاو
spitz alemão (m)	espitz	اسپیتز
pug (m)	pāg	پاگ

178. Sons produzidos pelos animais

latido (m)	vāq vāq	واق واق
latir (vi)	vāq-vāq kardan	واق واق کردن
miar (vi)	miyu-miyu kardan	میو میو کردن
ronronar (vi)	xor-xor kardan	خرخر کردن
mugir (vaca)	mu-mu kardan	مو مو کردن
bramir (touro)	na're kešidan	نعره کشیدن
rosnar (vi)	qorqor kardan	غرغر کردن
uivo (m)	zuze	زوزه
uivar (vi)	zuze kešidan	زوزه کشیدن
ganir (vi)	zuze kešidan	زوزه کشیدن
balir (vi)	ba'ba' kardan	بع بع کردن
grunhir (vi)	xor-xor kardan	خرخر کردن
guinchar (vi)	jiq zadan	جیغ زدن
coaxar (sapo)	qur-qur kardan	قورقور کردن
zumbir (inseto)	vez-vez kardan	وزوز کردن
ziziar (vi)	jir-jir kardan	جیر جیر کردن

179. Pássaros

pássaro (m), ave (f)	parande	پرنده
pombo (m)	kabutar	کبوتر
pardal (m)	gonješk	گنجشک
chapim-real (m)	morq-e zanburxār	مرغ زنبورخوار
pega-rabuda (f)	zāqi	زاغی
corvo (m)	kalāq-e siyāh	کلاغ سیاه
gralha-cinzenta (f)	kalāq	کلاغ
gralha-de-nuca-cinzenta (f)	zāq	زاغ

gralha-calva (f)	kalāq-e siyāh	کلاغ سیاه
pato (m)	ordak	اردک
ganso (m)	qāz	غاز
faisão (m)	qarqāvol	قرقاول
águia (f)	oqāb	عقاب
açor (m)	qerqi	قرقی
falcão (m)	šāhin	شاهین
abutre (m)	karkas	کرکس
condor (m)	karkas-e emrikāyi	کرکس امریکایی
cisne (m)	qu	قو
grou (m)	dornā	درنا
cegonha (f)	lak lak	لک لک
papagaio (m)	tuti	طوطی
beija-flor (m)	morq-e magas-e xār	مرغ مگس خوار
pavão (m)	tāvus	طاووس
avestruz (m)	šotormorq	شترمرغ
garça (f)	havāsil	حواصیل
flamingo (m)	felāmingo	فلامینگو
pelicano (m)	pelikān	پلیکان
rouxinol (m)	bolbol	بلبل
andorinha (f)	parastu	پرستو
tordo-zornal (m)	bāstarak	باسترک
tordo-músico (m)	torqe	طرقه
melro-preto (m)	tukā-ye siyāh	توکای سیاه
andorinhão (m)	bādxorak	بادخورک
cotovia (f)	čakāvak	چکاوک
codorna (f)	belderčin	بلدرچین
pica-pau (m)	dārkub	دارکوب
cuco (m)	fāxte	فاخته
coruja (f)	joqd	جغد
bufo-real (m)	šāh buf	شاه بوف
tetraz-grande (m)	siāh xorus	سیاه خروس
tetraz-lira (m)	siāh xorus-e jangali	سیاه خروس جنگلی
perdiz-cinzenta (f)	kabk	کبک
estorninho (m)	sār	سار
canário (m)	qanāri	قناری
galinha-do-mato (f)	siyāh xorus-e fandoqi	سیاه خروس فندقی
tentilhão (m)	sehre-ye jangali	سهره جنگلی
dom-fafe (m)	sohre sar-e siyāh	سهره سر سیاه
gaivota (f)	morq-e daryāyi	مرغ دریایی
albatroz (m)	morq-e daryāyi	مرغ دریایی
pinguim (m)	pangoan	پنگوئن

180. Pássaros. Canto e sons

cantar (vi)	xāndan	خواندن
gritar, chamar (vi)	faryād kardan	فریاد کردن
cantar (o galo)	ququli ququ kardan	قوقولی قوقو کردن
cocorocó (m)	ququli ququ	قوقولی قوقو
cacarejar (vi)	qodqod kardan	قدقد کردن
crocitar (vi)	qār-qār kardan	قارقار کردن
grasnar (vi)	qāt-qāt kardan	قات قات کردن
piar (vi)	jir-jir kardan	جیر جیر کردن
chilrear, gorjear (vi)	jik-jik kardan	جیک جیک کردن

181. Peixes. Animais marinhos

brema (f)	māhi-ye sim	ماهی سیم
carpa (f)	kapur	کپور
perca (f)	māhi-e luti	ماهی لوتی
siluro (m)	gorbe-ye māhi	گربه ماهی
lúcio (m)	ordak māhi	اردک ماهی
salmão (m)	māhi-ye salemon	ماهی سالمون
esturjão (m)	māhi-ye xāviār	ماهی خاویار
arenque (m)	māhi-ye šur	ماهی شور
salmão (m) do Atlântico	sālmon-e atlāntik	سالمون اتلانتیک
cavala, sarda (f)	māhi-ye esqumeri	ماهی اسقومری
solha (f), linguado (m)	sofre māhi	سفره ماهی
lúcio perca (m)	suf	سوف
bacalhau (m)	māhi-ye rowqan	ماهی روغن
atum (m)	tan māhi	تن ماهی
truta (f)	māhi-ye qezelālā	ماهی قزل آلا
enguia (f)	mārmāhi	مارماهی
raia (f) elétrica	partomahiye barqi	پرتوماهی برقی
moreia (f)	mārmāhi	مارماهی
piranha (f)	pirānā	پیرانا
tubarão (m)	kuse-ye māhi	کوسه ماهی
golfinho (m)	delfin	دلفین
baleia (f)	nahang	نهنگ
caranguejo (m)	xarčang	خرچنگ
água-viva (f)	arus-e daryāyi	عروس دریایی
polvo (m)	hašt pā	هشت پا
estrela-do-mar (f)	setāre-ye daryāyi	ستاره دریایی
ouriço-do-mar (m)	xārpošt-e daryāyi	خارپشت دریایی
cavalo-marinho (m)	asb-e daryāyi	اسب دریایی
ostra (f)	sadaf-e xorāki	صدف خوراکی
camarão (m)	meygu	میگو

| lagosta (f) | xarčang-e daryāyi | خرچنگ دریایی |
| lagosta (f) | xarčang-e xārdār | خرچنگ خاردار |

182. Anfíbios. Répteis

| cobra (f) | mār | مار |
| venenoso (adj) | sammi | سمی |

víbora (f)	af'i	افعی
naja (f)	kobrā	کبرا
píton (m)	mār-e pinton	مار پیتون
jiboia (f)	mār-e bwa	مار بوا

cobra-de-água (f)	mār-e čaman	مار چمن
cascavel (f)	mār-e zangi	مار زنگی
anaconda (f)	mār-e ānākondā	مار آناکوندا

lagarto (m)	susmār	سوسمار
iguana (f)	susmār-e deraxti	سوسمار درختی
varano (m)	bozmajje	بزمجه
salamandra (f)	samandar	سمندر
camaleão (m)	āftāb-parast	آفتاب پرست
escorpião (m)	aqrab	عقرب

tartaruga (f)	lāk pošt	لاک پشت
rã (f)	qurbāqe	قورباغه
sapo (m)	vazaq	وزغ
crocodilo (m)	temsāh	تمساح

183. Insetos

inseto (m)	hašare	حشره
borboleta (f)	parvāne	پروانه
formiga (f)	murče	مورچه
mosca (f)	magas	مگس
mosquito (m)	paše	پشه
escaravelho (m)	susk	سوسک

vespa (f)	zanbur	زنبور
abelha (f)	zanbur-e asal	زنبور عسل
mamangaba (f)	xar zanbur	خرزنبور
moscardo (m)	xarmagas	خرمگس

| aranha (f) | ankabut | عنکبوت |
| teia (f) de aranha | tār-e ankabut | تارعنکبوت |

libélula (f)	sanjāqak	سنجاقک
gafanhoto (m)	malax	ملخ
traça (f)	bid	بید

| barata (f) | susk | سوسک |
| carrapato (m) | kane | کنه |

| pulga (f) | kak | کک |
| borrachudo (m) | paše-ye rize | پشه ریزه |

gafanhoto (m)	malax	ملخ
caracol (m)	halazun	حلزون
grilo (m)	jirjirak	جیرجیرک
pirilampo, vaga-lume (m)	kerm-e šab-tāb	کرم شب تاب
joaninha (f)	kafšduzak	کفشدوزک
besouro (m)	susk bāldār	سوسک بالدار

sanguessuga (f)	zālu	زالو
lagarta (f)	kerm-e abrišam	کرم ابریشم
minhoca (f)	kerm	کرم
larva (f)	lārv	لارو

184. Animais. Partes do corpo

bico (m)	nok	نوک
asas (f pl)	bāl-hā	بال ها
pata (f)	panje	پنجه
plumagem (f)	por-o bāl	پر و بال
pena, pluma (f)	por	پر
crista (f)	kākol	کاکل

brânquias, guelras (f pl)	ābšoš	آبشش
ovas (f pl)	toxme mahi	تخم ماهی
larva (f)	lārv	لارو
barbatana (f)	bāle-ye māhi	باله ماهی
escama (f)	fals	فلس

presa (f)	niš	نیش
pata (f)	panje	پنجه
focinho (m)	puze	پوزه
boca (f)	dahān	دهان
cauda (f), rabo (m)	dam	دم
bigodes (m pl)	sebil	سبیل

| casco (m) | sam | سم |
| corno (m) | šāx | شاخ |

carapaça (f)	lāk	لاک
concha (f)	sadaf	صدف
casca (f) de ovo	puste	پوسته

| pelo (m) | pašm | پشم |
| pele (f), couro (m) | pust | پوست |

185. Animais. Habitats

hábitat (m)	zistgāh	زیستگاه
migração (f)	mohājerat	مهاجرت
montanha (f)	kuh	کوه

recife (m)	tappe-ye daryāyi	تپه دریایی
falésia (f)	saxre	صخره
floresta (f)	jangal	جنگل
selva (f)	jangal	جنگل
savana (f)	sāvānā	ساوانا
tundra (f)	tondrā	توندرا
estepe (f)	estep	استپ
deserto (m)	biyābān	بیابان
oásis (m)	vāhe	واحه
mar (m)	daryā	دریا
lago (m)	daryāče	دریاچه
oceano (m)	oqyānus	اقیانوس
pântano (m)	bātlāq	باتلاق
de água doce	ab-e širin	آب شیرین
lagoa (f)	tālāb	تالاب
rio (m)	rudxāne	رودخانه
toca (f) do urso	lāne-ye xers	لانه خرس
ninho (m)	lāne	لانه
buraco (m) de árvore	surāx	سوراخ
toca (f)	lāne	لانه
formigueiro (m)	lāne-ye murče	لانۀ مورچه

Flora

186. Árvores

árvore (f)	deraxt	درخت
decídua (adj)	barg riz	برگ ریز
conífera (adj)	maxrutiyān	مخروطیان
perene (adj)	hamiše sabz	همیشه سبز
macieira (f)	deraxt-e sib	درخت سیب
pereira (f)	golābi	گلابی
cerejeira (f)	gilās	گیلاس
ginjeira (f)	ālbālu	آلبالو
ameixeira (f)	ālu	آلو
bétula (f)	tus	توس
carvalho (m)	balut	بلوط
tília (f)	zirfun	زیرفون
choupo-tremedor (m)	senowbar-e larzān	صنوبر لرزان
bordo (m)	afrā	افرا
espruce (m)	senowbar	صنوبر
pinheiro (m)	kāj	کاج
alerce, lariço (m)	senowbar-e ārāste	صنوبر آراسته
abeto (m)	šāh deraxt	شاه درخت
cedro (m)	sedr	سدر
choupo, álamo (m)	sepidār	سپیدار
tramazeira (f)	zabān gonješk-e kuhi	زبان گنجشک کوهی
salgueiro (m)	bid	بید
amieiro (m)	tuskā	توسکا
faia (f)	rāš	راش
ulmeiro, olmo (m)	nārvan-e qermez	نارون قرمز
freixo (m)	zabān-e gonješk	زبان گنجشک
castanheiro (m)	šāh balut	شاه بلوط
magnólia (f)	māgnoliyā	ماگنولیا
palmeira (f)	naxl	نخل
cipreste (m)	sarv	سرو
mangue (m)	karnā	کرنا
embondeiro, baobá (m)	bāobāb	بائوباب
eucalipto (m)	okaliptus	اوکالیپتوس
sequoia (f)	sorx-e čub	سرخ چوب

187. Arbustos

arbusto (m)	bute	بوته
arbusto (m), moita (f)	bute zār	بوته زار

| videira (f) | angur | انگور |
| vinhedo (m) | tākestān | تاکستان |

framboeseira (f)	tamešk	تمشک
groselheira-negra (f)	angur-e farangi-ye siyāh	انگور فرنگی سیاه
groselheira-vermelha (f)	angur-e farangi-ye sorx	انگور فرنگی سرخ
groselheira (f) espinhosa	angur-e farangi	انگور فرنگی

acácia (f)	aqāqiyā	اقاقیا
bérberis (f)	zerešk	زرشک
jasmim (m)	yāsaman	یاسمن

junípero (m)	ardaj	اردج
roseira (f)	bute-ye gol-e mohammadi	بوتهٔ گل محمدی
roseira (f) brava	nastaran	نسترن

188. Cogumelos

cogumelo (m)	qārč	قارچ
cogumelo (m) comestível	qārč-e xorāki	قارچ خوراکی
cogumelo (m) venenoso	qārč-e sammi	قارچ سمی
chapéu (m)	kolāhak-e qārč	کلاهک قارچ
pé, caule (m)	pāye	پایه

boleto, porcino (m)	qārč-e sefid	قارچ سفید
boleto (m) alaranjado	samāruq	سماروغ
boleto (m) de bétula	qārč-e bulet	قارچ بولت
cantarelo (m)	qārč-e zard	قارچ زرد
rússula (f)	qārč-e tiqe-ye tord	قارچ تیفه ترد

morchella (f)	qārč-e morkelā	قارچ مورکلا
agário-das-moscas (m)	qārč-e magas	قارچ مگس
cicuta (f) verde	kolāhak-e marg	کلاهک مرگ

189. Frutos. Bagas

| fruta (f) | mive | میوه |
| frutas (f pl) | mive jāt | میوه جات |

maçã (f)	sib	سیب
pera (f)	golābi	گلابی
ameixa (f)	ālu	آلو

morango (m)	tut-e farangi	توت فرنگی
ginja (f)	ālbālu	آلبالو
cereja (f)	gilās	گیلاس
uva (f)	angur	انگور

framboesa (f)	tamešk	تمشک
groselha (f) negra	angur-e farangi-ye siyāh	انگور فرنگی سیاه
groselha (f) vermelha	angur-e farangi-ye sorx	انگور فرنگی سرخ
groselha (f) espinhosa	angur-e farangi	انگور فرنگی

oxicoco (m)	nārdānak-e vahši	ناردانک وحشی
laranja (f)	porteqāl	پرتقال
tangerina (f)	nārengi	نارنگی
abacaxi (m)	ānānās	آناناس
banana (f)	mowz	موز
tâmara (f)	xormā	خرما

limão (m)	limu	ليمو
damasco (m)	zardālu	زردآلو
pêssego (m)	holu	هلو
quiuí (m)	kivi	کیوی
toranja (f)	gerip forut	گریپ فوروت

baga (f)	mive-ye butei	ميوهٔ بوته ای
bagas (f pl)	mivehā-ye butei	ميوه های بوته ای
arando (m) vermelho	tut-e farangi-ye jangali	توت فرنگی جنگلی
morango-silvestre (m)	zoqāl axte	زغال اخته
mirtilo (m)	zoqāl axte	زغال اخته

190. Flores. Plantas

| flor (f) | gol | گل |
| buquê (m) de flores | daste-ye gol | دسته گل |

rosa (f)	gol-e sorx	گل سرخ
tulipa (f)	lāle	لاله
cravo (m)	mixak	ميخک
gladíolo (m)	susan-e sefid	سوسن سفيد

centáurea (f)	gol-e gandom	گل گندم
campainha (f)	gol-e estekāni	گل استکانی
dente-de-leão (m)	gol-e qāsedak	گل قاصدک
camomila (f)	bābune	بابونه

aloé (m)	oloviye	آلوئه
cacto (m)	kāktus	کاکتوس
fícus (m)	fikus	فيکوس

lírio (m)	susan	سوسن
gerânio (m)	gol-e šam'dāni	گل شمعدانی
jacinto (m)	sonbol	سنبل

mimosa (f)	mimosā	ميموسا
narciso (m)	narges	نرگس
capuchinha (f)	gol-e lādan	گل لادن

orquídea (f)	orkide	ارکيده
peônia (f)	gol-e ašrafi	گل اشرفی
violeta (f)	banafše	بنفشه

amor-perfeito (m)	banafše-ye farangi	بنفشه فرنگی
não-me-esqueças (m)	gol-e farāmuš-am makon	گل فراموشم مکن
margarida (f)	gol-e morvārid	گل مرواريد
papoula (f)	xašxāš	خشخاش

cânhamo (m)	šāh dāne	شاه دانه
hortelã, menta (f)	na'nā'	نعناع
lírio-do-vale (m)	muge	موگه
campânula-branca (f)	gol-e barfi	گل برفی
urtiga (f)	gazane	گزنه
azedinha (f)	toršak	ترشک
nenúfar (m)	nilufar-e abi	نیلوفر آبی
samambaia (f)	saraxs	سرخس
líquen (m)	golesang	گلسنگ
estufa (f)	golxāne	گلخانه
gramado (m)	čaman	چمن
canteiro (m) de flores	baqče-ye gol	باغچه گل
planta (f)	giyāh	گیاه
grama (f)	alaf	علف
folha (f) de grama	alaf	علف
folha (f)	barg	برگ
pétala (f)	golbarg	گلبرگ
talo (m)	sāqe	ساقه
tubérculo (m)	riše	ریشه
broto, rebento (m)	javāne	جوانه
espinho (m)	xār	خار
florescer (vi)	gol kardan	گل کردن
murchar (vi)	pažmorde šodan	پژمرده شدن
cheiro (m)	bu	بو
cortar (flores)	boridan	بریدن
colher (uma flor)	kandan	کندن

191. Cereais, grãos

grão (m)	dāne	دانه
cereais (plantas)	qallāt	غلات
espiga (f)	xuše	خوشه
trigo (m)	gandom	گندم
centeio (m)	čāvdār	چاودار
aveia (f)	jow-e sahrāyi	جو صحرایی
painço (m)	arzan	ارزن
cevada (f)	jow	جو
milho (m)	zorrat	ذرت
arroz (m)	berenj	برنج
trigo-sarraceno (m)	gandom-e siyāh	گندم سیاه
ervilha (f)	noxod	نخود
feijão (m) roxo	lubiyā qermez	لوبیا قرمز
soja (f)	sowyā	سویا
lentilha (f)	adas	عدس
feijão (m)	lubiyā	لوبیا

GEOGRAFIA REGIONAL

Países. Nacionalidades

192. Política. Governo. Parte 1

política (f)	siyāsat	سیاست
político (adj)	siyāsi	سیاسی
político (m)	siyāsatmadār	سیاستمدار
estado (m)	dowlat	دولت
cidadão (m)	šahrvand	شهروند
cidadania (f)	šahrvandi	شهروندی
brasão (m) de armas	nešān melli	نشان ملی
hino (m) nacional	sorud-e melli	سرود ملی
governo (m)	hokumat	حکومت
Chefe (m) de Estado	rahbar-e dowlat	رهبر دولت
parlamento (m)	pārlemān	پارلمان
partido (m)	hezb	حزب
capitalismo (m)	sarmāye dāri	سرمایه داری
capitalista (adj)	kāpitālisti	کاپیتالیستی
socialismo (m)	sosiyālism	سوسیالیسم
socialista (adj)	sosiyālisti	سوسیالیستی
comunismo (m)	komonism	کمونیسم
comunista (adj)	komonisti	کمونیستی
comunista (m)	komonist	کمونیست
democracia (f)	demokrāsi	دموکراسی
democrata (m)	demokrāt	دموکرات
democrático (adj)	demokrātik	دموکراتیک
Partido (m) Democrático	hezb-e demokrāt	حزب دموکرات
liberal (m)	liberāl	لیبرال
liberal (adj)	liberāli	لیبرالی
conservador (m)	mohāfeze kār	محافظه کار
conservador (adj)	mohāfeze kāri	محافظه کاری
república (f)	jomhuri	جمهوری
republicano (m)	jomhuri xāh	جمهوری خواه
Partido (m) Republicano	hezb-e jomhurixāh	حزب جمهوری خواه
eleições (f pl)	entexābāt	انتخابات
eleger (vt)	entexāb kardan	انتخاب کردن

eleitor (m)	entexāb konande	انتخاب کننده
campanha (f) eleitoral	kampeyn-e entexābāti	کمپین انتخاباتی
votação (f)	axz-e ra'y	اخذ رأی
votar (vi)	ra'y dādan	رأی دادن
sufrágio (m)	haqq-e ra'y	حق رأی
candidato (m)	nāmzad	نامزد
candidatar-se (vi)	nāmzad šodan	نامزد شدن
campanha (f)	kampeyn	کمپین
da oposição	moxālef	مخالف
oposição (f)	opozisyon	اپوزیسیون
visita (f)	vizit	ویزیت
visita (f) oficial	vizit-e rasmi	ویزیت رسمی
internacional (adj)	beynolmelali	بین المللی
negociações (f pl)	mozākerāt	مذاکرات
negociar (vi)	mozākere kardan	مذاکره کردن

193. Política. Governo. Parte 2

sociedade (f)	jam'iyat	جمعیت
constituição (f)	qānun-e asāsi	قانون اساسی
poder (ir para o ~)	hākemiyat	حاکمیت
corrupção (f)	fesād	فساد
lei (f)	qānun	قانون
legal (adj)	qānuni	قانونی
justeza (f)	edālat	عدالت
justo (adj)	ādel	عادل
comitê (m)	komite	کمیته
projeto-lei (m)	lāyehe-ye qānun	لایحه قانون
orçamento (m)	budje	بودجه
política (f)	siyāsat	سیاست
reforma (f)	eslāhāt	اصلاحات
radical (adj)	efrāti	افراطی
força (f)	niru	نیرو
poderoso (adj)	moqtader	مقتدر
partidário (m)	tarafdār	طرفدار
influência (f)	ta'sir	تأثیر
regime (m)	nezām	نظام
conflito (m)	dargiri	درگیری
conspiração (f)	towtee	توطئه
provocação (f)	tahrik	تحریک
derrubar (vt)	sarnegun kardan	سرنگون کردن
derrube (m), queda (f)	sarneguni	سرنگونی
revolução (f)	enqelāb	انقلاب

| golpe (m) de Estado | kudetã | كودتا |
| golpe (m) militar | kudetã-ye nezãmi | كودتاى نظامى |

crise (f)	bohrãn	بحران
recessão (f) econômica	rokud-e eqtesãdi	ركود اقتصادى
manifestante (m)	tazãhorãt konande	تظاهرات كننده
manifestação (f)	tazãhorãt	تظاهرات
lei (f) marcial	hãlat-e nezãmi	حالت نظامى
base (f) militar	pãygãh-e nezãmi	پایگاه نظامى

| estabilidade (f) | sobãt | ثبات |
| estável (adj) | bãsobãt | باثبات |

| exploração (f) | bahre bardãr-i | بهره بردارى |
| explorar (vt) | bahre bardãr-i kardan | بهره بردارى كردن |

racismo (m)	nežãdparasti	نژادپرستى
racista (m)	nežãdparast	نژادپرست
fascismo (m)	fãšizm	فاشیزم
fascista (m)	fãšist	فاشیست

194. Países. Diversos

estrangeiro (m)	xãreji	خارجى
estrangeiro (adj)	xãreji	خارجى
no estrangeiro	dar xãrej	در خارج

emigrante (m)	mohãjer	مهاجر
emigração (f)	mohãjerat	مهاجرت
emigrar (vi)	mohãjerat kardan	مهاجرت كردن

Ocidente (m)	qarb	غرب
Oriente (m)	xãvar	خاور
Extremo Oriente (m)	xãvar-e-dur	خاوردور

civilização (f)	tamaddon	تمدن
humanidade (f)	ensãniyat	انسانیت
mundo (m)	jahãn	جهان
paz (f)	solh	صلح
mundial (adj)	jahãni	جهانى

pátria (f)	vatan	وطن
povo (população)	mellat	ملت
população (f)	mardom	مردم
gente (f)	afrãd	افراد
nação (f)	mellat	ملت
geração (f)	nasl	نسل

território (m)	qalamrow	قلمرو
região (f)	mantaqe	منطقه
estado (m)	eyãlat	ایالت

| tradição (f) | sonnat | سنت |
| costume (m) | ãdat | عادت |

ecologia (f)	mohit-e zist	محیط زیست
índio (m)	hendi	هندی
cigano (m)	mard-e kowli	مرد کولی
cigana (f)	zan-e kowli	زن کولی
cigano (adj)	kowli	کولی
império (m)	emperãturi	امپراطوری
colônia (f)	mosta'mere	مستعمره
escravidão (f)	bardegi	بردگی
invasão (f)	tahãjom	تهاجم
fome (f)	gorosnegi	گرسنگی

195. Grupos religiosos mais importantes. Confissões

religião (f)	din	دین
religioso (adj)	dini	دینی
crença (f)	e'teqãd	اعتقاد
crer (vt)	e'teqãd dãstan	اعتقاد داشتن
crente (m)	mo'men	مؤمن
ateísmo (m)	bi dini	بی دینی
ateu (m)	molhed	ملحد
cristianismo (m)	masihiyat	مسیحیت
cristão (m)	masihi	مسیحی
cristão (adj)	masihi	مسیحی
catolicismo (m)	mazhab-e kãtolik	مذهب کاتولیک
católico (m)	kãtolik	کاتولیک
católico (adj)	kãtolik	کاتولیک
protestantismo (m)	ãin-e porotestãn	آئین پروتستان
Igreja (f) Protestante	kelisã-ye porotestãn	کلیسای پروتستان
protestante (m)	porotestãn	پروتستان
ortodoxia (f)	mazhab-e ortodoks	مذهب ارتدوکس
Igreja (f) Ortodoxa	kelisã-ye ortodoks	کلیسای ارتدوکس
ortodoxo (m)	ortodoks	ارتدوکس
presbiterianismo (m)	persbiterinism	پرسبیترینیسم
Igreja (f) Presbiteriana	kelisã-ye persbiteri	کلیسای پرسبیتری
presbiteriano (m)	persbiteri	پرسبیتری
luteranismo (m)	kelisã-ye lutrãn	کلیسای لوتران
luterano (m)	lutrãn	لوتران
Igreja (f) Batista	kelisã-ye baptist	کلیسای باپتیست
batista (m)	baptist	باپتیست
Igreja (f) Anglicana	kelisã-ye anglikãn	کلیسای انگلیکان
anglicano (m)	anglikãn	انگلیکان
mormonismo (m)	ferqe-ye mormon	فرقه مورمون
mórmon (m)	mormon	مورمون

| Judaísmo (m) | yahudiyat | یهودیت |
| judeu (m) | yahudi | یهودی |

| budismo (m) | budism | بودیسم |
| budista (m) | budāyi | بودایی |

| hinduísmo (m) | hendi | هندی |
| hindu (m) | hendu | هندو |

Islã (m)	eslām	اسلام
muçulmano (m)	mosalmān	مسلمان
muçulmano (adj)	mosalmāni	مسلمانی

| xiismo (m) | šiʿe | شیعه |
| xiita (m) | šiʿe | شیعه |

| sunismo (m) | senni | سنی |
| sunita (m) | senni | سنی |

196. Religiões. Padres

| padre (m) | kešiš | کشیش |
| Papa (m) | pāp | پاپ |

monge (m)	rāheb	راهب
freira (f)	rāhebe	راهبه
pastor (m)	pišvā-ye ruhān-i	پیشوای روحانی

abade (m)	rāheb-e bozorg	راهب بزرگ
vigário (m)	keš-yaš baxš	کشیش بخش
bispo (m)	osqof	اسقف
cardeal (m)	kārdināl	کاردینال

pregador (m)	vāʿez	واعظ
sermão (m)	moʿeze	موعظه
paroquianos (pl)	kešiš tabār	کشیش تبار

| crente (m) | moʿmen | مؤمن |
| ateu (m) | molhed | ملحد |

197. Fé. Cristianismo. Islão

| Adão | ādam | آدم |
| Eva | havvā | حوا |

Deus (m)	xodā	خدا
Senhor (m)	xodā	خدا
Todo Poderoso (m)	xodā	خدا

pecado (m)	gonāh	گناه
pecar (vi)	gonāh kardan	گناه کردن
pecador (m)	gonāhkār	گناهکار

pecadora (f)	gonāhkār	گناهکار
inferno (m)	jahannam	جهنم
paraíso (m)	behešt	بهشت

| Jesus | isā | عیسی |
| Jesus Cristo | isā masih | عیسی مسیح |

Espírito (m) Santo	ruh olqodos	روح القدس
Salvador (m)	monji	منجی
Virgem Maria (f)	maryam bākere	مریم باکره

Diabo (m)	šeytān	شیطان
diabólico (adj)	šeytāni	شیطانی
Satanás (m)	šeytān	شیطان
satânico (adj)	šeytāni	شیطانی

anjo (m)	ferešte	فرشته
anjo (m) da guarda	ferešte-ye negahbān	فرشتۀ نگهبان
angelical	ferešte i	فرشته ای

apóstolo (m)	havāri	حواری
arcanjo (m)	ferešte-ye moqarrab	فرشتۀ مقرب
anticristo (m)	dajjāl	دجال

Igreja (f)	kelisā	کلیسا
Bíblia (f)	enjil	انجیل
bíblico (adj)	enjili	انجیلی

Velho Testamento (m)	ahd-e atiq	عهد عتیق
Novo Testamento (m)	ahd-e jadid	عهد جدید
Evangelho (m)	enjil	انجیل
Sagradas Escrituras (f pl)	ketāb-e moqaddas	کتاب مقدس
Céu (sete céus)	behešt	بهشت

mandamento (m)	farmān	فرمان
profeta (m)	payāmbar	پیامبر
profecia (f)	payāmbari	پیامبری

Alá (m)	allāh	الله
Maomé (m)	mohammad	محمد
Alcorão (m)	qor'ān	قرآن

mesquita (f)	masjed	مسجد
mulá (m)	mala'	ملا
oração (f)	namāz	نماز
rezar, orar (vi)	do'ā kardan	دعا کردن

peregrinação (f)	ziyārat	زیارت
peregrino (m)	zāer	زائر
Meca (f)	makke	مکه

igreja (f)	kelisā	کلیسا
templo (m)	haram	حرم
catedral (f)	kelisā-ye jāme'	کلیسای جامع
gótico (adj)	gotik	گوتیک
sinagoga (f)	kenešt	کنشت

mesquita (f)	masjed	مسجد
capela (f)	kelisā-ye kučak	کلیسای کوچک
abadia (f)	sowme'e	صومعه
convento (m)	sowme'e	صومعه
monastério (m)	deyr	دیر
sino (m)	nāqus	ناقوس
campanário (m)	borj-e nāqus	برج ناقوس
repicar (vi)	sedā kardan	صدا کردن
cruz (f)	salib	صلیب
cúpula (f)	gonbad	گنبد
ícone (m)	šamāyel-e moqaddas	شمایل مقدس
alma (f)	jān	جان
destino (m)	sarnevešt	سرنوشت
mal (m)	badi	بدی
bem (m)	niki	نیکی
vampiro (m)	xun āšām	خون آشام
bruxa (f)	jādugar	جادوگر
demônio (m)	div	دیو
espírito (m)	ruh	روح
redenção (f)	talab-e afv	طلب عفو
redimir (vt)	talab-e afv kardan	طلب عفو کردن
missa (f)	ebādat	عبادت
celebrar a missa	ebādat kardan	عبادت کردن
confissão (f)	marāsem-e towbe	مراسم توبه
confessar-se (vr)	towbe kardan	توبه کردن
santo (m)	qeddis	قدیس
sagrado (adj)	moqaddas	مقدس
água (f) benta	āb-e moqaddas	آب مقدس
ritual (m)	marāsem	مراسم
ritual (adj)	āyini	آیینی
sacrifício (m)	qorbāni	قربانی
superstição (f)	xorāfe	خرافه
supersticioso (adj)	xorāfāti	خرافاتی
vida (f) após a morte	zendegi pas az marg	زندگی پس ازمرگ
vida (f) eterna	zendegi-ye jāvid	زندگی جاوید

TEMAS DIVERSOS

198. Várias palavras úteis

ajuda (f)	komak	کمک
barreira (f)	hesār	حصار
base (f)	pāye	پایه
categoria (f)	tabaqe	طبقه
causa (f)	sabab	سبب
coincidência (f)	tatāboq	تطابق
coisa (f)	čiz	چیز
começo, início (m)	šoruʿ	شروع
cômodo (ex. poltrona ~a)	rāhat	راحت
comparação (f)	qiyās	قیاس
compensação (f)	jobrān	جبران
crescimento (m)	rošd	رشد
desenvolvimento (m)	pišraft	پیشرفت
diferença (f)	farq	فرق
efeito (m)	asar	اثر
elemento (m)	onsor	عنصر
equilíbrio (m)	taʿādol	تعادل
erro (m)	eštebāh	اشتباه
esforço (m)	kušeš	کوشش
estilo (m)	sabok	سبک
exemplo (m)	mesāl	مثال
fato (m)	haqiqat	حقیقت
fim (m)	etmām	اتمام
forma (f)	šekl	شکل
frequente (adj)	mokarrar	مکرر
fundo (ex. ~ verde)	zamine	زمینه
gênero (tipo)	noʿ	نوع
grau (m)	daraje	درجه
ideal (m)	ide āl	ایده آل
labirinto (m)	hezār tuy	هزارتوی
modo (m)	tariq	طریق
momento (m)	lahze	لحظه
objeto (m)	mabhas	مبحث
obstáculo (m)	māneʿ	مانع
original (m)	asli	اصلی
padrão (adj)	estāndārd	استاندارد
padrão (m)	estāndārd	استاندارد
paragem (pausa)	tavaqqof	توقف
parte (f)	joz	جزء

partícula (f)	zarre	ذره
pausa (f)	maks	مكث
posição (f)	vaz´	وضع
princípio (m)	asl	اصل
problema (m)	moškel	مشكل
processo (m)	ravand	روند
progresso (m)	taraqqi	ترقى
propriedade (qualidade)	xāsiyat	خاصيت
reação (f)	vākoneš	واكنش
risco (m)	risk	ريسك
ritmo (m)	sor´at	سرعت
segredo (m)	rāz	راز
série (f)	seri	سرى
sistema (m)	sistem	سيستم
situação (f)	vaz´iyat	وضعيت
solução (f)	hal	حل
tabela (f)	jadval	جدول
termo (ex. ~ técnico)	estelāh	اصطلاح
tipo (m)	no´	نوع
urgente (adj)	fowri	فورى
urgentemente	foran	فوراً
utilidade (f)	fāyede	فايده
variante (f)	moteqayyer	متغير
variedade (f)	entexāb	انتخاب
verdade (f)	haqiqat	حقيقت
vez (f)	nowbat	نوبت
zona (f)	mantaqe	منطقه

www.ingramcontent.com/pod-product-compliance
Lightning Source LLC
Chambersburg PA
CBHW071341090426
42738CB00012B/2965